1

Vägens folk -

Om Apostlagärningarnas kristendom och vår tid

Av Ingvar Holmberg

© Ingvar Holmberg
Förlag: BoD – Books on Demand, Stockholm, Sverige
Tryck: BoD – Books on Demand, Norderstadt,
Tyskland
Utgiven 2019
ISBN: 9789176992111

Omslagsfoton:

Framsida: Ingvar på gatumöte i Kazakstan 2008

Baksida:
Roman i Kazakstan berättar om kristen tro
längs vägen (2008)
Ingvar på kafébussevangelisation i Ljungby 2009
(Foto: Ove Jonsson)

Tillägnan

Denna bok tillägnas de pastorer och ledare
som var mina lärare och mentorer:

Lennart Magnusson och Jack-Tommy Ardenfors,
Norrköping

Georg Johansson, Josef Östby, Per-Olof Jacobsson,
Gävle

Allan Näslundh, Eskilstuna

Ingemar Rahm, Örnsköldsvik

Författarens förord

Jag är pensionär sen några år.
Det arbete jag har haft är predikant och missionär i
Pingströrelsen och på senare år också i Svenska
Alliansmissionen (SAM).
Andra pastorer och predikanter som läser det här förstår
mig, när jag säger: Har man en gång varit predikant så
är man alltid predikant.
Än så länge får jag också stå i olika predikstolar och
förkunna eller sjunga mina sånger från pianot eller med
ukulelen i händerna.
När jag flyttade tillbaka till min hemstad Norrköping
2013 och skulle bli "riktig pensionär", så erbjöds jag
oväntat en deltidstjänst i Pingstförsamlingen i
Skänninge på Östgötaslätten 75 kilometer bort som
bonus under fyra år.
Och än så länge bär rösten och kröker sig fingrarna, så
jag kan stå i ett gathörn med ukulelen och förkunna om
Jesus genom några sånger. (En gatumusikant behöver ju
varken polistillstånd eller inbjudan från någon
församlings programråd).
Jag känner mig oerhört privilegierad och får ha ett
meningsfullt liv.

I min personliga bibelläsning återkommer jag ofta till
Apostlagärningarna.
Ofta har uttrycket "Apostlagärningarnas kristendom"
malt inom mig, inte som en historisk företeelse utan
som en praktisk handbok för kristet arbete i dag, en
skimrande kallelse och möjlighet för kyrkan i 2000-
talets postmoderna tid.

Som ung lärling under internutbildning som predikant på mitt första arbetsfält i Gävle 1968 fick jag vara en vecka på intensiv höstbibelskola i Filadelfia i Stockholm. I slutet av veckan fick vi alla ett rejält bokpaket med matnyttiga böcker för vår egen utveckling. Där fanns bland annat "Strövtåg i Apostlagärningarna del 1 och 2" av Axel Burman (Förlaget Filadelfia 1964). De böckerna har jag tyvärr inte kvar längre, för jag har gett bort det mesta av mitt "pastorsbibliotek" till yngre predikanter, men jag minns att jag hade läst dem mycket och strukit under eller strukit för vissa nyckelställen.

Nu, när cirkeln sluts och det mesta av min aktiva predikanttjänst är bakom mig, återkommer Apostlagärningarnas kristendom mycket i mina tankar. Därför har jag skrivit denna bok under titeln "Vägens folk - Om Apostlagärningarnas kristendom och vår tid". Liksom Apostlagärningarna har den 28 kapitel. Givetvis finns det många fler ämnen att ta upp i Apostlagärningarna än dem jag har valt. Jag har skrivit om de ämnen som särskilt berör mig vid läsningen, och ibland har det kanske blivit väl mycket och ibland väl lite. Om mina personliga reflexioner och slutsatser ibland blir något av debattinlägg, så ber jag mina läsare att ha på sig "förlåtelsens glasögon". Min strävan är i alla fall, att bokens innehåll varken ska vara enbart ett historiskt dokument eller en utopi, ett tänkt drömscenario, utan snarare något för nuet och den omedelbara framtiden.

I slutet av varje kapitel finns något av mina egna dikter

och sånger som mer eller mindre nära knyter an till kapitlets innehåll. Dessutom finns det en mycket enkel "studieplan" i boken i form av två, tre samtalsfrågor efter varje kapitel. På så sätt kan boken också användas i olika typer av smågrupper.

Boken kom i en "provupplaga" för några år sen som en e-bok att läsas på internet och möjlig att ladda ner, men nu kommer den bearbetad och som pappersbok.

Nedan kommer min dikt "Vägens folk" från 1996. Hoppas du får nytta av något i min bok!

Norrköping sommaren 2019
Ingvar Holmberg

PS Om bibeltexterna i den här boken:
Jag har, precis som när jag predikar, använt olika svenska översättningar av Bibeln vid läsningen.
Väldigt ofta har jag använt Bo Giertz översättning som tidvis använt mycket i min personliga bibelläsning (förkortas "Giertz")
Något citat har jag tagit från den nyutkomna vardagliga parafrasen Eugene Petersons The Message på svenska (The Message)
Övriga översättningar är Bibel 2000 (2000), Svenska Folkbibeln 2015 (SFB 2015) - min "egen" predikobibel numera, 1917 års översättning (1917), och parafrasen Levande Bibeln (Boken). DS

Vägens folk

Han var Vägen och ute på vägarna.
Jag är förlägen och innanför väggarna.

Hans kyrka var stranden, stigen och berget.
Vår är så välbyggd i centrum vid torget
men synnerligen inomhus
och knappast längre världens ljus.

Och Vägens folk blir Väggens klubb.
Och Livets bröd blir mandelkubb
med kaffe, saft och tårta.
Ej längre vatten blir till vin,
och nästan ingen rör en min,
fast glädjens vin är borta.

Och glömd är sen länge vetekornets lag-
att dö för att sen kunna växa,
för vetekornens glada innebandylag
förtränger en så bitter läxa.

Nu väcks en bön till Kungarnas Kung:
"Herre, befria ditt evangelium
från vårt monopol och våra kyrkorum!
I världen sänd ut det att växa!

(Ingvar Holmberg 1996)

11

1 Döpta i den helige Ande

"1 I min förra skrift, käre Teofilus, skrev jag om allt som Jesus gjorde och lärde 2 fram till den dag han togs upp till himlen, efter att ha gett sina befallningar genom den helige Ande till de apostlar som han hade utvalt. 3 Han visade sig för dem efter sitt lidande och gav dem många bevis på att han levde, när han under fyrtio dagar lät dem se honom och talade med dem om Guds rike. 4 Vid en måltid med apostlarna befallde han dem: "Lämna inte Jerusalem utan vänta på vad Fadern har lovat, det ni har hört av mig. 5 Johannes döpte med vatten, men ni ska om några dagar bli döpta i den helige Ande." 6 När de nu var samlade frågade de honom: "Herre, är tiden nu inne då du ska återupprätta riket åt Israel?" 7 Han svarade dem: "Det är inte er sak att veta vilka tider eller stunder som Fadern i sin makt har bestämt. 8 Men när den helige Ande kommer över er, ska ni få kraft och bli mina vittnen i Jerusalem, i hela Judeen och Samarien och ända till jordens yttersta gräns." 9 När han hade sagt detta såg de hur han lyftes upp, och ett moln tog honom ur deras åsyn. 10 Medan de såg mot himlen dit han steg upp, stod plötsligt två män i vita kläder hos dem. 11 De sade: "Galileer, varför står ni och ser mot himlen? Denne Jesus som togs upp från er till himlen, han ska komma tillbaka på samma sätt som ni såg honom stiga upp till himlen."
(Apostlagärningarna kap 1:1-9 SFB 2015)

Är andeuppfyllelse, andliga gåvor och tungotal lite guldkant på det kristna livet?
Lite spänning och känsloupplevelser för dem som

12

måste ha lite sånt också?

Eller är det i själva verket benstommen som bär upp Guds nya människa och gör det möjligt för henne att röra sig i Guds värld?

Apostlagärningarnas kristendom har alla sina rötter i Jesus Kristus och det han gjorde och sa. När Apostlagärningarna börjar, är det med att berätta om vad Jesus sa om Andens kraft som den nödvändiga förutsättningen för att överhuvudtaget kunna utföra uppdraget att sprida Jesu budskap till omgivningen och i förlängningen hela världen. De skulle inte lämna Jerusalem, förrän de hade blivit döpta, neddoppade i den helige Ande.

Andens gåva till kyrkan kom när tiden var inne, när pingsthögtiden, skördefesten hos judarna inföll. Men Anden kom inte till församlingen, kyrkan, som en ny era, ett nytt regelverk, som gällde från och med ett visst datum. Petrus eller någon av de andra apostlarna fick inte efter de tio dagarnas väntan och bön ett SMS, som meddelade att Anden kommit, eller genom en bokrulle från himlen – för att inte verka vanvördig. Man visste och kände när Anden kom, och det syntes och hördes när andra fick Andens kraft. Stormvind och tungor av eld och tungotal är omskakande eller minst sagt påtagliga saker.

"1 När pingstdagen kom var de alla samlade. 2 Då hördes plötsligt från himlen ett dån som när en våldsam storm drar fram, och det fyllde hela huset där de satt.

3 Tungor som av eld visade sig för dem och fördelade sig och satte sig på var och en av dem. 4 Alla uppfylldes av den helige Ande och började tala främmande språk, allteftersom Anden ingav dem att tala. " (Apg 2:1-4 SFB 2015)

På pingstdagen var lärjungarna redan födda på nytt eller "födda av Anden". Kanske detta markeras av Jesus på påskdagen, då han blåser på lärjungarna och säger "Ta emot den helige Ande!" (Joh 20:22). Den helige Ande är närvarande i pånyttfödelsen och blir "barnaskapets Ande" i var och en som omvänder sig och tar emot Jesus. Varje kristen har den helige Ande inom sig.

Som rysktalande pingstpastor har jag ibland chockerats och ryst, när jag mött ledare för stora pingstgrupper i Sovjetunionen och också i Ukraina på senare år. De har på fullt allvar hävdat att bara den som talar tungomål är med i "brudeskaran" och kommer till himlen. Den läran menar jag är rena villfarelsen – och det har jag framfört till mina ryskspråkiga kollegor, fast jag inte anser mig nå dem till knäna vad gäller gudsfruktan och böneliv och annat.

Ändå vill jag som svensktalande pingstpastor hävda att det inte kan stå rätt till, när vi i min egen svenska pingströrelse numera så lite talar om andedop och tungotal och nödvändigheten av att söka detta. Andeuppfyllelsen är ingen automatisk följd av att man kommer till tro på Jesus, omvänder sig och börjar det kristna livet i en församlings gemenskap. Petrus lovade visserligen de tusentals sökande människorna i Jerusalem, att om de omvände sig och lät döpa sig till sina synders förlåtelse, så skulle de få den helige Ande som gåva. Men han talade förmodligen inte om något automatiskt. Och de som just hört olärda män från Galileen tala om Guds stora gärningar på koptiska och arabiska och andra språk medan eldstungorna kanske fortfarande syntes på huvudet - eller åtminstone brann oemotståndligt i blicken-, dessa människor förväntade sig säkert något mycket konkret.

Och inte ens i den brusande andliga väckelsen i Samarien med Filippus som predikant och med helanden och underverk och kraftgärningar och väckelseatmosfär, var andeuppfyllelsen något som kom automatiskt (Apg 8). Apostlarna i Jerusalem hörde att helig Ande inte hade fallit över de nyomvända, utan de var endast döpta i Jesus namn. Då sändes Petrus och Johannes till Samarien för att hjälpa de nyomvända vidare. När de lade händerna på de nyligen döpta, fylldes de med helig Ande. Skriften säger inget här om vilka yttre manifestationer som visade sig, men det var något så påtagligt, att den kanske bara halvt omvände trollkarlen Simon erbjöd Petrus och Johannes pengar för att de skulle ge honom förmågan att förmedla den helige Ande. Var det, kanske, att de nyomvända talade i tungor? Ja, vi vet ju inte säkert, men något påtagligt synbart eller hörbart var det nog.

Det händelsen mest av allt talar till oss om är ju dels, hur viktigt den första församlingen ansåg det vara med andeuppfyllelsen, dels att andedopet är något annat än Andens närvaro i pånyttfödelsen.

Som 20-åring upplevde jag hösten 1967 en inre

övertygelse om att Gud kallade mig till förkunnartjänst. Jag hade växt upp i en pingstmissionärsfamilj och hade som 14-åring- då nyligen hemkommen till Sverige - låtit döpa mig i Pingstkyrkan, Norrköping. Sedan hade jag fångats upp av församlingens musikliv, mötesverksamhet och undervisning samt läger, det hette "ungdomsveckor" då. Men ännu som 20-åring var jag inte andedöpt och hade inte talat i tungor, fast detta var ett ofta förekommande ämne i undervisningen. Man ordnade också i olika sammanhang bön för längtande och bad ivrigt och högljutt med handpåläggning för dem som önskade - och ibland kanske andra också. Det var i min föreställningsvärld omöjligt att utan andedopet "gå ut på fältet", det vill säga börja som förkunnarlärling under någon erfaren pastors ledning i enlighet med det internutbildningssystem som tillsammans med kortkurser på fyraveckors höstbibelskolor var den utbildning som gavs. Det var självklar regel och lag att pingstpredikanter och ledare (äldste) skulle ha erfarenhet av andedop och tungotal och andliga gåvor för att överhuvudtaget komma i fråga för tjänst.

Jag gick till mina pastorer Lennart Magnusson och Jack-Tommy Ardenfors och berättade om min inre kallelse till tjänst och min längtan efter andedopet. De stödde mig i min inriktning och längtan, och en liten tid senare upplevde jag andeuppfyllelsen med åtföljande tungotal. Ett par månader senare fick jag börja som lärling och medarbetare i Filadelfiaförsamlingen i Gävle hos pastor Georg Johansson. Där mötte jag förtroende, vägledning och fick massor av tillfälle att praktisera i predikantens olika uppgifter.

16

När jag ett par år senare under ett år och sedan ytterligare kortare perioder arbetade som missionär i södra Indien tillsammans med mina föräldrar Agne och Britta Holmberg, upptäckte jag att de flesta av pingstförsamlingarna vi samarbetade med hade "Tarrying Meeting" på fredagskvällarna, alltså bönemöte då man särskilt bad om andedop och andliga gåvor. "Tarry" är ett lite mer högtidligt engelskt ord för att dröja, vänta (på Anden).

I oerhört många av våra svenska församlingar inom olika samfund som Pingströrelsen, EFK, Svenska Alliansmissionen, Equmenia m fl är det fullt legitimt att tala i tungor, profetera och undervisa om andeuppfyllelse. Också i lutherska Svenska Kyrkan finns det många präster och församlingsarbetare och grupper och sammanhang, där tungotal och andeuppfyllelse är välkänt. Ändå kan man ställa frågan om hur vanligt det är med regelbunden undervisning och organiserat arbete i den lokala församlingen i att uppleva andeuppfyllelsen, tala tungomål och uppleva profetia, helande eller att skilja mellan andar. Min tro är att det är ytterst ovanligt. Tyvärr har jag själv försummat det här området mycket, särskilt under de senare åren (läs årtiondena!) av min pastorstjänst. I min sista pingstpastorstjänst innan pensioneringen (Vetlanda 1997-2003) praktiserade vi det som var självklart för några årtionden sen: När någon hade blivit döpt i församlingen, så lade vi som församlingsledare och andra närstående händerna på de nydöpta personerna och bad för dem att de skulle bli fyllda med Anden och tala i nya tungor. Men vi följde inte upp det med återkommande undervisning och bönestunder, och vi

17

annonserade inte titt och tätt i predikoturer och annonser "Bön för längtande". Det gjorde pingstförsamlingarna på 1960-talet, och det borde nog vi också ha gjort.

När den sjuåriga flickan, som vi här kan kalla Emilie, upplevde det här, var det snarare ett välkommet undantag än regeln. När jag och föräldrarna och någon av församlingens äldste träffade henne omklädd och med blött hår efter dopet, förklarade jag med några ord andedopet och tungotalet. Sen bad vi för henne, och nästan direkt började hon stilla kvittra fram främmande ord. Och hennes ansikte lyste av samma Närvaro, som syntes hos Petrus, Andreas och Maria från Magdala och alla de andra. För en tid sen träffade jag "Emilie" i församlingen där hon nu bor. Nu var hon i tjugoårsåldern och visade stolt upp sin pojkvän, och när vi påminde varann om den där dagen i Vetlanda, såg jag hennes ansikte lysa upp. Och jag tror att hon såg något liknande i mitt ansikte.

Varför är såna här berättelser undantaget och inte regeln?
Litar vi på att längtande människor ska få sina andliga erfarenheter på konferenser och läger eller genom kristen video eller besök någon annanstans?
Är sanningen den, att vi inte tycker oss behöva andedop med åtföljande tungotal och de andliga gåvorna? De är väl i och för sig "bonus", men det går bra ändå.
Men går det bra ändå, när de kristna tidningarna publicerar undersökningar och statistik som förutspår att frikyrkligheten i Sverige inte finns längre om några årtionden?

Apostlagärningarnas kristendom tycks mena att andedop med tungotal och Andens tydliga närvaro genom olika andliga gåvor är nödvändiga delar av normal kristendom och normalt församlingsliv.

När den moderna pingstväckelsen bröt fram i början på 1900-talet, lade man stor vikt vid tungotalet som det avgörande tecknet på andens dop, andeuppfyllelsen. Och när den karismatiska väckelsen kom i de historiska kyrkorna som katolska, lutherska, presbyterianska och anglikanska kyrkan på 1960- och 70-talen, var tungotalet och sång i anden det som tydligt präglade förnyelsen, även om tonläget var lägre och mindre "ettrigt" än i de traditionella pingstförsamlingarna. Under slutet av 1960-talet och på 1970-talet var jag ofta anlitad som tolk åt amerikanska och engelska karismatiker på besök i Sverige. För mig som pingstpredikant i tredje led var det en nyttig och ofta luttrande erfarenhet att möta katolske prästen George Kramer och lutherske prästen Harald Bredesen och anglikanske prästen Michael Harper och många andra och se och höra och möta andlig visdom och kraft, som gjorde stort intryck på mig, Harald Bredesen ringde mig innan ankomsten till Pingstkyrkan (dåvarande Filadelfia) i Gävle och frågade: "Sjunger ni i anden i er församling?". Jag var tyst i telefon ett ögonblick och svarade sen käckt (men inom mig skamset): "Nej, men vi vill vara öppna för allt som den helige Ande gör."

"Men är tungotalet så viktigt? Det är ju bara en av de andliga gåvorna, och den är ju mindre betydelsefull än profetians gåva! Andens frukter måste väl vara bättre bevis på andeuppfyllelse och andlig mognad. Och kärleken är ju störst av allt och består när tungotalet och profetian försvunnit."

Jag tror att ovanstående frågor är viktiga och legitima. Först vill jag ge några personliga kommentarer och redogöra för min syn. Sen vill jag försöka sammanfatta hur Apostlagärningarnas kristendom förmodligen ansåg, och det är givetvis det viktigaste.

Andens frukter med "kärlek, glädje, frid, tålamod, älskvärdhet, godhet, pålitlighet, vänlighet, självbehärskning" (Gal 5:22-23 Giertz) har med kristen karaktär och mognad att göra. De egenskaperna börjar växa inom oss i och med pånyttfödelsen, när Guds Ande flyttar in i oss.

Andedopet och Andens gåvor ges av nåd utan hänsyn till karaktär och mognad. Det är utrustning för tjänst, för att vi ska kunna utföra Guds verk i den här världen. Ju mer en person litar på nåden och i tro tar emot kraften och går, desto mer får hon eller han tjäna genom profetia, helande, kraftgärningar eller visdomens eller kunskapens ord.

Kraft utan mognad och karaktär är givetvis inte bra, men Gud verkar i sin nåd genom ofullkomliga redskap. Han förväntar sig naturligtvis att vi ska öppna oss för Andens verk genom helgelsen, så att vi blir lite mer lätta att umgås med och har mer av Andens frukt i våra liv.

Jag minns med värme hur Sten Nilsson brukade säga (Indienmissionär, metodistpräst, ledare i kristna Ashramrörelsen och sedermera trosrörelsepredikant): "Andens gåvor är Guds arvsanlag i Hans barn. Andens frukter är Guds anletsdrag i Hans barn."

Det har tidvis varit en irritation för mig att läsa aposteln Paulus föreskrifter för andliga ledare i 1 Tim kap 3 och Tit kap 1. Det står inte ett ord om att de ska vara fyllda med Anden, bara om redbarhet och god moral och gott rykte bland människor.

Kanske är orsaken till formuleringarna den, att det var självklart att man som kristen i allmänhet och ledare i synnerhet var andefylld och bärare av andliga nådegåvor. Andligt ledarskap utövas genom mognad och karaktär och inte bara av karismatisk utstrålning. Det är nog den enkla förklaringen.

Jag tror också personligen att det ligger mycket i den traditionella pingstsynen, att det på något sätt finns två sidor av tungotalet. Det första är tungotalet för egen uppbyggelse (1 Kor 14:1ff), och därför behövs detta "tecken" på andedopet. De andliga gåvorna är för församlingens uppbyggande och uppbyggelse. I förteckningen över andliga gåvor finns gåvorna att tala tungomål och att uttyda / tolka tungotal. När tungotalet tolkas genom den andliga uttydningsgåvan, så likställs tungotalet med profetian, för då uppbygger det församlingen. Paulus säger också i det här sammanhanget: "[18]Jag tackar Gud för att jag talar tungomål mer än ni alla. [19]Men vid gudstjänsten vill jag hellre tala fem ord med mitt förstånd till undervisning också för andra än tio tusen i tungotal." (1 Kor 14:18-19 Giertz).

För att kunna uppbygga andra behöver man uppbygga sig själv. Om tungotalet är ett viktigt kommunikationsmedel mellan mig och Gud, är det kanske då en mycket viktig gåva i mitt eget andaktsliv.

21

Kan vi för vår inre syn se Paulus på hans många resor till fots eller till sjöss under långa stunder "muttra för sig själv" eller nynna eller bedja högt i tungomål?

Apostlagärningarna beskriver i kap 20 en del av resan från Troas till Miletus:

"[13]Men vi andra gick i förväg ned till skeppet och stack till sjöss med kurs mot Assos, där vi skulle ta Paulus ombord. Så hade han nämligen bestämt, eftersom han själv tänkte gå till fots över land. [14]När han träffade oss i Assos, tog vi honom ombord och kom till Mitylene. [15]Därifrån seglade vi vidare nästa dag och nådde fram i höjd med Kios. Nästa dag närmade vi oss Samos och kom dagen därefter till Miletus." (Giertz)

Vad säger Apostlagärningarna självt om tungotalet som tecken på andedopet?
Ex 1. I kap 2, där andedopet / andeuppfyllelsen beskrivs, så började alla tala tungomål.
Ex 2. I kapitel 8 berättas om de nyomvändas andedop vid apostlarnas handpåläggning. Det står där inget om tungotal, men något påtagligt syntes eller hördes, eftersom trollkarlen Simon blev så imponerad och ville köpa apostlarnas "förmåga" för pengar.
Ex 3, Ananias kommer till den bedjande Saul (Paulus) med Guds budskap att han ska "få sin syn igen och bli uppfylld av helig Ande" (9:17 Giertz). Det nämns inget specifikt om tungotal i skildringen. "[18]Och genast föll det som fjäll från hans ögon och han kunde se. Han steg upp och lät sig döpas, [19]tog till sig föda och fick nya krafter. "
Ex 4. Petrus förkunnar i kap 10 budskapet om Jesus för ickejudarna i Kornelius hus.
"43 Om honom vittnar alla profeterna att var och en

som tror på honom får syndernas förlåtelse genom hans namn." 44 Medan Petrus ännu talade föll den helige Ande över alla som hörde ordet. 45 De troende judarna som hade följt med Petrus häpnade över att den helige Andes gåva blev utgjuten också över hedningarna, 46 eftersom de hörde hur de talade i tungor och prisade Gud. " (SFB 2015) Petrus redogör bland sina judekristna vänner för händelsen i kap 11. Där berättar han inte specifikt om tungotalet men sammanfattar med orden: "15 Och när jag började tala föll den helige Ande över dem, så som han föll över oss under den första tiden."

Ex 5. Paulus leder in Johannes Döparens lärjungegrupp i Efesus på rätt spår (kap 19)
"⁵Så snart de hörde detta lät de döpa sig i Herren Jesu namn. ⁶När Paulus sedan lade sina händer på dem tog de emot den helige Ande, och de talade på främmande språk och profeterade." (Boken)

Dessa fem exempel på andedop bevisar inte helt och hållet att tungotalet alltid följde med andeuppfyllelsen. Inte heller motsäger de att tungotalet fanns med vid alla fem tillfällen, utan det kan finnas skäl att tro att tungotalet i normala fall åtföljde andeuppfyllelsen.

Kanske kan man sammanfatta den teologi om andedopet som Apostlagärningarna har enligt följande: Andedopet är nödvändigt för ett segrande kristet liv som utbreder Guds Rike, och med andedopet följer förmågan att tala andra tungomål.

Ovanstående sammanfattning innebär inget förnekande av att många Herrens tjänare i olika tider har varit

23

andefyllda och brukade av Gud fast de inte har talat i tungor.

Vi kan inte ändra på vår historia. Det är inte heller meningsfullt att fastna i beklagande av vilka fel vi har gjort som enskilda eller församlingar och rörelser. Det viktiga är vad vi gör åt nuet och den omedelbara framtiden. Det finns ju inget som hindrar oss från att återvända till källsprången i Apostlagärningarnas kristendom. Vi kan ge röst och plats åt den gamla frågan "Tog ni emot den helige Ande när ni kom till tro?"

Brinnande buske

Vanlig buske
brinner av helig eld
utan att brinna upp,
attraherar herden,
som växt upp i palats
och sett det mesta
men aldrig en vanlig buske
fylld av Gud.
Busken blir nog som vanligt igen
men inte herden.
Elden fortsätter i honom,
och han lämnar fåren
och får valla ett slavfolk
ut till frihet,
till gudsmedvetande
och sund självkänsla
på väg till löfteslandet.

Många sekler senare -
på pingstdagen -
brinner busken igen:
Vanliga fiskare,
olärda män,
tänds av elden
utan att brinna upp.
Vittberesta sökare
hör Guds lov på
koptiska och latin,
leds till Kristus,
tänds av elden
utan att brinna upp.
Det vanliga får del
av Guds heliga eld.

Och än vandrar sökarna
på okänd mark.
Och än behövs det buskar
som fattar eld.
Och än finns elden.
Andra Mosebok kap. 3   Apostlagärningarna kap. 2
(Ingvar Holmberg 1997)

Samtalsfrågor

1 Ni som har erfarenhet av andedop / andeuppfyllelse, har era upplevelser huvudsakligen skett i "er" kyrka eller i något annat sammanhang? Vilket? Berätta erfarenheter för varandra!

2 Hur skulle man ännu mer kunna förstärka miljön och klimatet för erfarenheter av Anden?

3 På vilket sätt är tungotalet viktigt för dig? (Den som vill, berättar)

2 Dopet – en frälsningsfråga eller en icke-fråga?

Varför har det i årtionden i frikyrkorna - också i "döparsamfunden" - varit så tyst om troendedopet, vuxendopet? Varför hörs frimodig dopförkunnelse nästan bara från talarstolarna i lutherska Svenska Kyrkan? När det nu under senaste åren har talats mycket om dop i Pingströrelsen (mitt eget samfund), så har det inte varit i form av kraftfulla predikningar i offentliga gudstjänster eller friluftsmöten om vikten av att tro på Jesus och låta döpa sig. Det har i stället i kristna media, församlingsstyrelser och liknande varit i form av interna samtal om medlemskap i pingstförsamling för dem som är barndöpta.

Är dopet en frälsningsfråga eller en icke-fråga? Bryr sig Gud inte längre om, ifall vi är döpta som barn eller som medvetna troende? Behöver man egentligen alls vara döpt?

För drygt ett och halvt århundrade sen kom baptismen och troendedopet till Sverige, även om baptismen funnits i Europa sen början på 1600-talet. År 1848 döptes sex personer i Vallersvik nära Frillesås på Hallandskusten, och efter det grundades den första baptistförsamlingen. Fredrik Olaus Nilsson, som blev ledare, hade nyligen själv blivit döpt i floden Elbe i Tyskland. Denna nya rörelse, som hävdade betydelsen av att den kristna människan själv tar ställning sitt dop, fick lida svår förföljelse, eftersom konventikelplakatet förbjöd inofficiella kristna samlingar. Föräldrar, som

27

inte lät döpa sina barn i statskyrkan med hänvisning till att barnen skulle välja själva senare i livet, de fick ofta uppleva det förnedrande i, att deras barn tvångsdöptes i kyrkan. Många baptister fängslades och straffades, och FO Nilsson drevs så småningom i landsflykt. I många frikyrkor, missionshus och kapell och i otaliga kristna hem hängde och hänger kopior av den kända målningen "Baptisterna" av Gustaf Cederström från 1886.

Baptismen och troendedopet gick inte att stoppa i Sverige. När så pingstväckelsen trädde fram internationellt i början av 1900-talet och också kom till till Sverige, så övertog man i praktiken så gott som helt den baptistiska dopsynen. Den svenska Pingströrelsen och avläggaren Maranatarörelsen har praktiserat troendedopet med nedsänkning liksom Örebromissionen och Helgelseförbundet (numera ingår dessa samfund i EFK). Missionsförbundet / Missionskyrkan och Svenska Alliansmissionen accepterar båda dopen, men en stor grupp av medlemmarna i dessa kyrkor är erfarenhetsmässigt och trosmässigt "baptister". Missionskyrkan ingår ju numera tillsammans med Baptistkyrkan och Metodistkyrkan i det nya gemensamma samfundet Equmenia.

Under rätt många år har det bildats nya församlingar från rent baptistiska samfund och samfund med båda dopen. Där har det säkert varit en hel del samtal om hur man som ny församling ska förhålla sig till dopet och förkunna och praktisera det.
Min egen (ganska pessimistiska) mening är, att för

varje samgående mellan församlingar med olika tradition och tidigare teologi i dopfrågan, så blir det tystare och tystare med den frimodiga förkunnelsen av troendedopet.

Hur var det i Apostlagärningarnas kristendom? Vad hade Jesus sagt och vad var det de unga församlingarnas ledare hade med sig i sin "programmering"? I det vi kallar missionsbefallningen på svenska och som på engelska heter (The Great Commission), dvs "Det stora uppdraget", Den stora ordern", så säger Jesus enligt Matteus och Markus följande:
"18 Då trädde Jesus fram och talade till dem och sade: "Åt mig har getts all makt i himlen och på jorden. 19 Gå därför ut och gör alla folk till lärjungar! Döp dem i Faderns och Sonens och den helige Andes namn 20 och lär dem att hålla allt som jag befallt er. Och se, jag är med er alla dagar till tidens slut."
(Matt 28-18-20 SFB 2015)
"15 Och han sade till dem: "Gå ut i hela världen och förkunna evangeliet för hela skapelsen. 16 Den som tror och blir döpt ska bli frälst, men den som inte tror ska bli fördömd. 17 Dessa tecken ska följa dem som tror: I mitt namn ska de driva ut onda andar. De ska tala nya tungomål. 18 De ska ta ormar med händerna, och dricker de något dödligt gift ska det inte skada dem. De ska lägga händerna på sjuka, och de ska bli friska."
(Mark 16:15-18 SFB 2015)

Johannes Döparen döpte människor till omvändelse, och han gjorde det i Jordan där det var mycket vatten (Joh 3:22 ff). Jesus lät sig döpas av Johannes, och fast

29

han sen också började döpa människor, verkar det inte som om han annullerar Johannes dop eller döper om dem som hade blivit döpta av honom. I själva verket får jag en känsla av att Jesus på något sätt bekräftar Johannes som sin egen profet och föregångare genom att också börja döpa. När Johannes hör om det här och förväntas bli upprörd, säger denne bara: "Det är som det ska, det här. Han ska tillta och jag ska förminskas."

Kan man kanske säga, att det dop, som människor i början av Jesu verksamhet döps med, inte är det genuint kristna dopet ännu, utan det är Johannesdopet, omvändelsedopet? Det står ju inte något i evangelierna om att Jesus och hans lärjungar döpte människor som följde Jesus, utom i den här övergångsperioden, när Johannes fortfarande var på fri fot och verkade (innan Herodes satte honom i fängelse). Det skulle kunna peka på att det sanna kristna dopet inte fanns förrän Jesus hade försonat världens synd och sedan uppstått. Ingen har upplyst mig om de här frågorna i tal eller skrift, så nu funderade jag bara lite.

Det kristna dopet är knutet till missionsbefallningen som den Uppståndne ger sina efterföljare efter utståndet lidande. Han ger den också till dem som tvivlar på hans uppståndelse och han svävar inte på målet. Det kristna dopet är knutet till Jesus Kristus och illustrerar människans identifikation och förening med Jesus i död, begravning och uppståndelse. Därför sker det i Faderns, Sonens och den helige Andes namn eller i Jesu Kristi namn, eftersom han sammanfattar Guds väsen och härlighet.
Själv använder jag alltid uttrycket "i Faderns, Sonens

och den helige Andes namn", när jag döper någon, men jag skulle inte uppleva några omedelbara farhågor, om någon annan säger "i Jesu Kristi namn". Båda uttrycken verkar ju vara nytestamentliga.

Då ska vi se på vad Apostlagärningarnas berättelse säger om dopet. Den teologin och praktiken ska ju vara vägledande för vårt sätt att förvalta dopet, enligt min mening. Men allra först vill jag berätta ett minne som dyker upp. Dopsamtalen i våra ekumeniska pastorssamlingar har väl under årens lopp förts i skiftande anda, vänskaplighet och respekt för varandra. Det här var kanske på 1980-talet. Vi skulle i vårt lokala ekumeniska pastorsförbund ha samtal om dopet. En av pastorerna som ivrigt förfäktade troendedopet med nedsänkning hade med sig ett gammalt tryckt häfte eller blad. Han visade upp ett uppslag med två spalter eller sidor. På ena sidan stod rubriken "Bibliska argument för vuxendopet" och under rubriken stod en rad bibelord. På andra sidan stod det "Bibliska argument för barndopet" och under den rubriken var det tomt. Pastorn såg sig omkring med ett inte särskilt gudfruktigt leende. En av prästerna i samlingen sa då med lugn röst och godmodig ton: "Det kanske borde vara en tredje spalt eller sida med rubriken 'Argument från den kristna traditionen' ". Jag tycker den prästen uppträdde moget och kristet – mer än den kollega, vars dopsyn jag i och för sig delade.

För min del anser jag det ganska enkelt att helt och fullt som kristna bröder och systrar acceptera och älska och samarbeta med dem som verkligen älskar Bibeln men också tar hänsyn till den kristna kyrkans långa tradition. Det är enkelt och självklart för mig, men jag förbehåller mig ändå rätten att tro och proklamera det som är mina egna djupa övertygelser grundade på Guds Ord.

Tillbaka till Apostlagärningarnas kristendom och dess förvaltande av dopet.

Ex 1. Förkunnelsen på Pingstdagen och dess resultat (Apg 2)

"[36]Därför skall hela Israels folk ha klart för sig, att Gud har gjort honom både till Herre och Messias — denne Jesus som ni korsfäste!

[37]När de hörde det, kände de ett styng i hjärtat och sade till Petrus och de andra apostlarna: Bröder, vad skall vi göra? [38]Petrus svarade dem: Omvänd er och låt er döpas, var och en, i Jesu Kristi namn, till förlåtelse för era synder. Då skall ni få den helige Ande som gåva. [39]Ty det är er som löftet gäller, er och era barn och alla som nu är långt borta, så många som Herren vår Gud kallar.

[40]Med ännu många andra ord vittnade han för dem och förmanade dem: Låt er frälsas från detta vrånga släkte.[41]De som nu tog emot hans ord blev döpta, och den dagen ökades församlingen med ungefär tre tusen. [42]De höll troget fast vid apostlarnas undervisning och församlingsgemenskapen, vid brödsbrytelsen och bönerna." (Giertz)

Några iakttagelser:
Människor, som inser sitt behov av frälsning, frågar vad de ska göra. Petrus ger det konkreta svaret att de ska

omvända sig och låta sig döpas, det vill säga ett eget ställningstagande av den frälsningssökande. Dopet nämns här i direkt samband med syndernas förlåtelse. Omvändelsen och dopet har också med sig löftet om att få den helige Ande som gåva.

De som lät döpa sig blev genom dopet medlemmar i församlingen, även om det säkerligen inte fanns någon formell medlemslista. Dessa nya församlingsmedlemmar höll troget fast vid undervisningen / förkunnelsen, församlingsgemenskapen, nattvardsfirandet och bönerna.

Dopet är frälsande enligt den här texten. Det är inte frälsande i sig, men när det tas emot medvetet av en frälsningssökande person, då är det frälsande. I många år har jag tyckt och känt att vi i den baptistiska doptraditionen alltför mycket har betonat vad människan gör i dopet. Och vi har alltså i motsvarande mån alltför lite betonat vad Gud gör i dopet. Att bara betona att den nyomvände beslutar att följa Jesus, bekänner Jesu namn etc, blir alltför ytligt eller platt.

Svagheten i den katolska och lutherska dopsynen är att den tänker att Gud gör allt och människan ingenting. Och då blir följden att man kan bäras till dopet av sina föräldrar.
Någon kristen tänkare har sagt: "Man bärs inte till dopet. Man går till dopet".

Både människan och Gud handlar i dopet. Det framgår ju också av det som Pingstdagens predikant Petrus många år senare skriver i sitt första brev: "21 Efter

denna förebild (*Noa, floden och arken*) frälser nu dopet
också er. Det innebär inte att kroppen renas från smuts
utan är ett rent samvetes bekännelse till Gud genom
Jesu Kristi uppståndelse, 22 han som har stigit upp till
himlen och sitter på Guds högra sida sedan änglar,
furstar och makter blivit underställda honom. (1 Petr
3:21-22 SFB 2015)

Ex 2. Apg 8 Väckelsen i Samarien
"12 Men när de nu trodde på Filippus, som förkunnade
evangeliet om Guds rike och Jesu Kristi namn, döptes
de, både män och kvinnor. " (SFB 2015)
Dopet kom som en följd av tron på evangeliet och
omvändelsen till Gud.

Ex 3. Apg 8 Den etiopiske hovmannen
"26Men en Herrens ängel visade sig för Filippos och sa
till honom: "Gå ut på vägen som går från Jerusalem
genom Gazaöknen och som ligger öde och se till att du
kommer dit mitt på dagen." 27Han gjorde det, och där
på vägen kom ingen mindre än Etiopiens
finansminister, en man med stort inflytande hos
Kandake, den etiopiska drottningen. Han hade rest till
Jerusalem för att be i templet, 28och nu var han på väg
tillbaka i sin vagn och satt och läste högt ur profeten
Jesajas bok.
29Den helige Ande sa till Filippos: "Gå fram till vagnen
och gå bredvid den!"
30Filippos rusade fram och hörde vad mannen läste och
frågade: "Förstår du det du läser?"
31"Hur skulle jag kunna göra det, när det inte finns
någon som undervisar mig?" svarade mannen. Och han

bad Filippos stiga upp i vagnen och sätta sig bredvid honom. ^{32}Det ställe i Skriften han hade läst var detta: "Han leddes bort som ett får för att slaktas, och var som ett lamm som är tyst inför den som klipper det, så öppnade han inte sin mun. ^{33}I sin förnedring blev han nekad rättvisa, och vem kan beskriva den stora ondska som fanns i människorna omkring honom? För hans liv rycktes bort från jorden." ^{34}Mannen frågade Filippos: "Talade Jesaja om sig själv eller om någon annan?" ^{35}Filippos började då med utgångspunkt från detta profetord att predika de goda nyheterna om Jesus Kristus. ^{36}Medan de reste vägen fram kom de till en vattendamm. Då sa mannen: "Titta där, där finns vatten! Skulle jag inte kunna bli döpt här?" ^{37}"Visst kan du det", svarade Filippos, "om du tror av hela ditt hjärta."
Och mannen svarade: "Jag tror att Jesus Kristus är Guds Son." ^{38}Han stannade vagnen, och tillsammans steg de ner i vattnet, och Filippos döpte honom. ^{39}När de kom upp ur vattnet förde Herrens Ande bort Filippos, och mannen såg honom aldrig mer, men han fortsatte sin resa full av glädje." (Boken)

Jag kommenterar ett par saker i v 35 och det följande: Filippus börjar predika de goda nyheterna / evangeliet. När då mannen ser en vattensamling säger han: "Titta där, där finns vatten! Skulle jag inte kunna bli döpt här?"

Det är hans eget beslut och längtan. Den följande versen (37) finns inte i alla handskrifter och bibelversioner, men Levande Bibeln har med detta logiska om tron på Jesus som Guds Son som en förutsättning för att ta emot det kristna dopet. Dopsättet framgår ju här också. De stiger båda ner i vattnet och Filippus döper, dvs doppar ner, hovmannen i vattnet. Det svenska ordet "döpa" betyder ju doppa, precis som grekiska grundtextens ord "baptizo" gör det. Paulus undervisning om dopet i Romarbrevet kap 6 stämmer också överens med att doppas ned i vattnet och sen stiga upp till ett nytt liv.

"[3]Vet ni då inte att alla vi som har döpts in i Kristus Jesus också har blivit döpta in i hans död? [4]Genom dopet har vi alltså dött och blivit begravda med honom för att också vi skall leva i ett nytt liv, så som Kristus uppväcktes från de döda genom Faderns härlighet. [5]Ty har vi blivit ett med honom genom att dö som han skall vi också bli förenade med honom genom att uppstå som han. [6]Vi vet att vår gamla människa har blivit korsfäst med honom för att den syndiga kroppen skall berövas sin makt, så att vi inte längre är slavar under synden. [7]Ty den som är död är frikänd från synden. [8]När vi nu har dött med Kristus är vår tro att vi också skall leva med honom. [9]Vi vet ju att Kristus har uppväckts från de döda och inte mer skall dö. Döden är inte längre herre över honom. [10]När han dog, dog han bort från synden, en gång för alla. När han nu lever, lever han för Gud. [11]Så skall också ni se på er själva: i Kristus Jesus är ni döda för synden men lever för Gud. " (Rom 6:3-11 - 2000)

Ex 4. Sauls /Paulus omvändelse (kap 9)

"[17]Då gick Ananias bort och trädde in i huset, lade händerna på honom och sade: Saul, broder, Herren har sänt mig, Jesus, han som visade sig för dig på vägen hit. Han vill att du skall få din syn och bli fylld av helig Ande. [18]Och genast föll det som fjäll från hans ögon och han kunde se. Han steg upp och lät sig döpas, [19]tog till sig föda och fick nya krafter. Sedan stannade han en tid hos lärjungarna i Damaskus." (Giertz)

Paulus lät sig döpas direkt, innan han åt och drack, fast han varit i fullständig fasta i tre dar utan att vare sig äta eller dricka. Dopet är ett omvändelsedop och i Apostlagärningarna följde det direkt på omvändelsen utan någon särskild dopskola innan. Den kristna undervisningen verkade ha kommit i huvudsak efter dopet. Paulus berättar själv om sin omvändelse i Apg 22 vad Ananias sa till honom: " [16]Vad väntar du på? Stå upp och låt dig döpas och renas från dina synder genom att åkalla hans namn. (Giertz)

Jag är ingen motståndare till lite grundläggande undervisning av dem som ska döpas, men i vissa fall har det gått till överdrift med kraven på bibelkunskap och helgat liv för att befinnas värdig att ta emot dopet. Apostlagärningarnas kristna tycktes anse att människan behövde dopet så snart som möjligt för att med dopets kraft och hjälp och den helige Andes hjälp kunna leva det kristna livet.

Ex 5 Romaren Kornelius och hans familj och vänkrets döps (Apg kap 10)

Petrus predikar: "[42]Och han skickade iväg oss för att predika de goda nyheterna överallt och för att vittna om att Jesus har fått i uppdrag av Gud att vara domare över alla — både levande och döda. [43]Och alla profeterna har skrivit om honom och sagt att var och en som tror på honom ska få sina synder förlåtna genom hans namn." [44]Medan Petrus fortfarande talade blev de som lyssnade fyllda av den helige Ande. [45]Judarna som hade kommit tillsammans med Petrus blev förvånade över att den helige Ande gavs också åt dem som inte var judar. [46,47]Men det rådde inget tvivel om det, för de hörde att de talade i tungor och lovprisade Gud. Då frågade Petrus: "Har någon något emot att jag döper dem när de nu har tagit emot den helige Ande precis som vi har gjort?" [48]Därefter döpte han dem i Jesu Kristi namn. Cornelius bad honom sedan att stanna hos dem några dagar." (Boken)

Här döptes hedningar omgående, fast säkert många av dem inte visste speciellt mycket om Jesus och evangeliet. Gud hade satt sitt sigill på dem genom att döpa dem i den helige Ande och då tvekade inte Petrus. Berättelsen om mötet med Kornelius och hans familj berättas ju om igen ganska utförligt i kapitel 11, och där ser vi att Petrus argument för att omedelbart döpa dessa nyomvända hedningar var att det hade fått del av andedopet.

Ex 6. Affärskvinnan Lydia i Filippi (Apg 16)
" [13]På sabbaten gick vi ut genom stadsporten och ner till en flod, där vi trodde att det skulle finnas ett böneställe. Vi satte oss där och talade till de kvinnor

som hade samlats. [14]En av dem hette Lydia. Hon var från Thyatira och handlade med purpurtyger, och hon hörde till de gudfruktiga. När hon nu lyssnade öppnade Herren hennes hjärta så att hon tog till sig det som Paulus sade. [15]Hon och alla i hennes hus blev döpta, och sedan bad hon oss: "När ni nu har blivit övertygade om att jag tror på Herren, kom då och bo hos mig." Och hon gav sig inte." (Bibel 2000)

Hon tog till sig det som Paulus talade. Hon och allt hennes husfolk döptes. Det nämns inte att de också hade tagit emot evangeliet och ville döpas, men det får väl förutsättas vara fallet. Sen blir hennes hem högkvarter för Paulus och hans team.

Ex 7. Fångvaktaren i Filippi och hans familj (Apg 16)
"[25]Vid midnatt höll Paulus och Silas bön och sjöng lovsånger till Gud, och de andra fångarna hörde på. [26]Plötsligt kom ett kraftigt jordskalv, så att fängelset skakades i sina grundvalar. I detsamma sprang alla dörrar upp och bojorna föll av dem alla. [27]Fångvaktaren vaknade, och när han fick se att dörrarna i fängelset stod öppna drog han sitt svärd för att ta sitt liv, eftersom han trodde att fångarna hade rymt. [28]Men Paulus ropade högt: "Gör dig inget illa! Vi är kvar allihop." [29]Då sade fångvaktaren till om ljus och sprang in och kastade sig skräckslagen ner inför Paulus och Silas. [30]Sedan förde han ut dem och frågade dem: "Vad skall jag göra för att räddas?" [31]De svarade: "Tro på herren Jesus, så skall du bli räddad, du och din familj." [32]Och de förkunnade ordet om Herren för honom och alla i hans hus. [33]Fångvaktaren tog genast hand om dem, mitt

i natten, och tvättade såren efter piskrappen. Sedan döptes han själv med hela sin familj. ³⁴Han tog dem med upp i sin bostad och lät duka ett bord, och han och hela hans hushåll visade stor glädje över att ha kommit till tro på Gud. " (2000)

Det är också här en spännande tågordning i händelserna då fångvaktaren och hans familj omvänder sig. Först behandlar han apostlarnas sår efter piskrappen. Sen låter han och hans familj döpa sig. Sen bjuder han hem dem på mat och gläder sig över att han och hans familj har kommit till tro på Jesus.

Ex 8. I Korint (kap 18) Synagogföreståndaren Crispus och andra döps

" ⁸Men synagogföreståndaren Crispus och hela hans familj kom till tro på Herren, och många andra korinthier som hörde Paulus trodde och lät döpa sig. ⁹En natt sade Herren till Paulus i en syn: "Var inte rädd utan fortsätt att predika och låt dig inte tystas, ¹⁰ty jag är med dig. Ingen skall angripa dig och göra dig något ont; här i staden är det många som hör till mitt folk." ¹¹Paulus stannade kvar där i ett och ett halvt år och undervisade dem om Guds ord. " (2000)

Ex 9. Johanneslärjungarna i Efesus (kap 19)
"1 Medan Apollos var i Korint kom Paulus ner till Efesos efter att ha rest genom inlandet. Där träffade han några lärjungar, 2 och han frågade dem: "Tog ni emot den helige Ande när ni kom till tro?" De svarade honom: "Nej, vi har inte ens hört att det finns en helig Ande." 3 Han frågade: "Vilket dop blev ni då döpta med?" De svarade: "Med Johannes dop." 4 Paulus sade:

"Johannes döpte med omvändelsens dop och sade åt folket att tro på den som kom efter honom, det vill säga Jesus." 5 När de fick höra detta döptes de i Herren Jesu namn, 6 och när Paulus lade händerna på dem kom den helige Ande över dem och de talade i tungor och profeterade. 7 Tillsammans var det omkring ett dussin män. " (SFB 2015)

Här bedömer Paulus att dessa människor behöver döpas om med de kristna dopet i Herren Jesus namn.

Jag vill försöka mig på att sammanfatta synen på dopet i Apostlagärningarnas kristendom. Sen vill jag återkomma något till dopsyn, doppraxis och gemenskapen med kristna med annan dopsyn än den baptistiska.

I Apostlagärningarna verkar dopet vara en frälsningsfråga, en organisk del av övergången från död till liv, från mörker till ljus och från ondskans välde till Guds Rike. Det är sant att rövaren på korset bredvid Jesus lovades frälsning av Jesus själv, fast han inte blev döpt. Och oavsett om också andra specialfall säkert fanns på apostlarnas tid, och även om oräkneliga odöpta en gång i himlen en dag kommer att prisa Guds Lamm för evig frälsning, så är ändå dopet en frälsningsfråga. Guds nåd är outgrundlig och Guds barmhärtighet är stor. Tron på Jesus är "minimum", men den normala frälsningsvägen är tro och dop (Mark 16:16).
Dopet är ett troendedop och ett nedsänkningsdop, även om mängden vatten inte kan vara det avgörande. Det allra viktigaste är naturligtvis att man går till dopet

41

självmant och inte bärs dit.

I dopet handlar både människan och Gud. Människan lyder och kommer, och Gud lyfter oss ur mörkrets välde och ikläder oss frälsningens klädnad och välsignar oss med sin välsignelse och arvslott. Dopet är ett omvändelsedop och ska ges så snart som möjligt som en riktig start på det kristna livets utveckling och tillväxt.

Dopet är en gåva, en fest och en förmån. Tänk att döpas in i Kristus och bli iklädd honom! (Gal 3:26-27). Tänk att "frias från mörkrets välde och föras in i det rike som tillhör Guds älskade Son" (Kol 1:13 Giertz)!

Lite personliga reflexioner om situationen och andan i församlingarna och samfunden med baptistisk dopsyn. Under ganska många år har vi kanske till en del sett på dopet med förtecknet "Måste man döpas? Är det nödvändigt? Är det viktigt överhuvudtaget?"

Jag längtar intensivt efter en omsvängning i hela synen på dopet. Hur kan vi på olika sätt skapa förväntan och lust och attraktion kring dopet i vatten?

Tänk att få döpas in i gemenskap med Kristus! Tänk att genom en så påtaglig och konkret handling få visa gemenskapen med Honom och med Hans folk!

Det är den kristna församlingen och dess förkunnare och ledare som förvaltar dopet. Det är vi som måste vara glada, tydliga och övertygade i förkunnelsen och praktiserandet av dopet. Ansvaret ligger ju hos oss i första hand och inte hos alla dem som behöver frälsningen och inte känner Bibelns undervisning om dopet. Hur ska den moderna, "baptistiskt döpande" församlingen förvalta det ansvaret bäst?

42

Allra sist, innan ett par sånger om dopet, några tankar om andlig gemenskap och ekumeniskt arbete i dag med tanke på dopet.

Jag tror det är möjligt nu, liksom det har varit det förut, att acceptera och älska och samarbeta med enskilda kristna och församlingar som har en annan dopteologi och doppraxis än vi själva. Bekännelsen av Jesus som Herre och Gud förenar oss i Andens gemenskap. Personligen ser jag det lättare och tydligare att förvalta dopet som förkunnare och församling om man inte är både "baptist" och "barndöpare" samtidigt. Må dopet fortsatt vara en frälsningsfråga och inte en "icke-fråga"!

Här följer två av mina sånger om dopet, en av dem skriven 1977 och den andra år 2002. Sjung dem gärna och sprid dem med mina välgångsönskningar!
Om du vill höra hur de låter, gå till enkla videos:
https://youtu.be/GvIKr3-GvVQ
https://youtu.be/0q9ZrJczxnw

Den som tror och blir döpt

Text & mel: Ingvar Holmberg

Refr:
Den som tror och blir döpt, han ska bli frälst (x4)

1. Omvänd dig och låt döpa dig,
då ska du få den helige Ande!
Omvänd dig och låt döpa dig,
då ska du få den helige Ande!

2. Jesus dog, men han uppstod sen.
Så får vi dö och uppstå i dopet.
Jesus dog, men han uppstod sen.
Så får vi dö och uppstå i dopet.

3. När du döps, blir du iklädd Kristus,
och Kristi renhet den blir också din.
När du döps, blir du iklädd Kristus,
och Kristi renhet den blir också din.

Gå ut i vattnet

Gå ut i vattnet,
följ honom hela vägen!
Den som tror och blir döpt
ska bli frälst.
Vänd om från synden!
Sätt tro till Jesus!
Dopet bär dig in
i ditt nya liv.

En yttre rening
med en inre mening –
dop i djupt, klart vatten,
när man har vänt om.
Om det verkar viktigt,
Om det är på riktigt,
svarar du ditt ja,
när han kallar "Kom!"

Den som tror och blir döpt

Text & musik: Ingvar Holmberg 1977

Refr. Den som tror och blir döpt,   han ska bli frälst.

Den som tror och blir döpt,   han ska bli frälst.

Den som tror och blir döpt,   han ska bli frälst.

Den som tror och blir döpt,   han ska bli frälst.

1 Om-vänd dig,   och låt dö. pa dig.   Då ska du få
2 Je - sus dog,   men han uppstod sen,   så får vi dö
3 När du döps, blir du i-klädd Kris-tus, och Kris-ti ren-het

den he-li-ge An - de.   Om-vänd dig,   och låt dö. pa
och upp-stå i do- pet.   Je - sus dog,   men han uppstod
den blir ock-så din.   När du döps, blir du i-klädd

dig!   Då ska du få   den he-li-ge An - de.
sen,   så får vi dö   och upp-stå i do- pet.
Kris-tus,   och Kris-ti ren-het   den blir ock-så din.

Gå ut i vattnet

Text & Musik: Ingvar Holmberg 2002

Gå ut i vatt- net, följ Ho- nom he la väg- en!

Den som tror och blir döpt, ska bli frälst.

Vänd om från syn- den! Sätt tro till Je- sus!

Do-pet bä dig in i ditt ny- a liv.

En ytt- re re- ning med en in- re me- ning -

dop i djupt, klart vat-ten, när man har vänt om.

Om det ver-kar vik-tigt, om det är på rik- tigt,

sva-rar du ditt "ja", när Han kal- lar "Kom!"

Samtalsfrågor

1 Har dopet varit en viktig fråga för er i fråga om det kristna livet? På vilket sätt?

2 Samtala om hur ekumeniken och gemenskapen bör vara mellan dem som praktiserar barndop och dem som håller på troendedopet / "vuxendopet".

3 Vilket är det bästa sättet att förklara dopets betydelse för den som inte är döpt?

3 Under och tecken – vem behöver sånt?

Under och tecken- vem behöver egentligen sånt i vår moderna kristenhet?

Man kan tycka att alla övertoner och inte infriade förhoppningar, missbruk av ställning och besvikna människor i spåren av helandeundervisning och förbön för sjuka gör att vi kanske inte alls borde befatta oss med de här delarna av det kristna budskapet.

Det är onekligen lugnare och tystare och mer hanterbart och kontrollerbart i kyrkan och den kristna verksamheten, om man undviker frågorna om helande och underverk.
Men är det ett levande och sunt lugn, eller blir jämförelsen liknande den mellan ett bårhus och en stojig förskola?

Det finns knappast någon kristen jag möter, som inte tror på helande och underverk i princip. Visst kan Gud hela och visst händer det under också i vår tid av och till. Men kanske är det mest i missionssammanhang, i andra länder och i "primitivare" eller mer utsatta omständigheter. Men från denna tro "i princip" är det ett mycket långt steg till att se under och tecken som ett viktigt inslag i vår tid och vårt land och våra kyrkor.

Men – om vi är ärliga – behövs inte undren och helbrägdagörelserna och kraftgärningarna i vår tid och våra trakter också? Är verkligen cancer och aids och andra sjukdomar besegrade av läkekonsten? Finns det inte alkoholister, narkomaner och spelmissbrukare, som behöver ett verkligt under för att komma ifrån sitt slaveri och kunna börja ett nytt liv? Och om det är sant att det finns en stor del av befolkningen, som mer eller mindre är fast i pornografin via internet (också många kristna, tydligen) eller är sexmissbrukare på andra sätt, behövs då inte undret och helandet och det övernaturliga ingripandet som svar på bön och ett trons agerande från den kristna församlingen och dess företrädare?

Vi återkommer till frågan om vår tid och våra församlingar, men först ska vi granska hur Apostlagärningarnas kristendom förhöll sig till under och tecken.

Apostlarna och de övriga som hade följt Jesus under hans vandringar och verksamhet måste ha varit helt "impregnerade" med erfarenheterna av att helanden och under och mirakler följde Jesus varje dag och i allt hans agerande. Han botade ju människor så regelmässigt, att de bokstavstrogna fariseerna ansåg honom som en sabbatsbrytare, när människor blev friska genom hans ord och händer på sabbaten.

Skulle det nu, när Jesus hade lämnat dem och farit upp till himlen, kunna vara så att apostlarna fick en känsla av att det nu skulle vara slut med undren, eftersom de särskilt skulle ha varit knutna till Jesus, Guds Son?

Nej, det fanns nog inte en skugga av sådan tankar hos dem!

De hade ju blivit utsända av Jesus att själva praktisera att predika Guds Rike, och där ingick ju också undren i uppdraget.

"1 Jesus kallade till sig sina tolv lärjungar och gav dem makt att driva ut orena andar och att bota alla slags sjukdomar och krämpor. ......

5 Dessa tolv sände Jesus ut, och han befallde dem: "Gå inte bort till hedningarnas område eller in i någon samarisk stad. 6 Gå i stället till de förlorade fåren av Israels hus. 7 Där ni går fram ska ni predika: Himmelriket är nära. 8 Bota sjuka, uppväck döda, gör spetälska rena och driv ut onda andar. Det ni har fått som gåva ska ni ge som gåva."

(Matt 10:1 ff SFB 2015)

Strax efter detta sände han ytterligare sjuttio eller sjuttiotvå lärjungar med samma uppgifter (Luk kap 10). I sitt avskedstal till lärjungarna på kvällen, alldeles innan han gick till Getsemane trädgård för att be och sedan frivilligt låta sig gripas av dem som skulle föra honom till korsdöden, hade han ju sagt till lärjungarna:

"[12]Sannerligen, jag säger er: den som tror på mig, han skall utföra gärningar som jag, och ännu större. Ty jag går till Fadern, [13]och vad ni än ber om i mitt namn skall jag göra, så att Fadern blir förhärligad genom Sonen. [14]Om ni ber om något i mitt namn skall jag göra det. "

(Joh 14 – 2000).

Det kanske allra viktigaste skälet till att lärjungarna hade under och tecken "i benmärgen" som en del av sin egen verksamhet, var det Jesus sagt till dem efter uppståndelsen. I missionsbefallningen - "den stora ordern" - hade han ju sagt: "Gå ut i hela världen och predika evangelium för allt skapat. [16]Den som tror och har fått dopet, han kommer att bli frälst, men den som inte tror, han blir dömd. [17]Och dessa tecken kommer att följa dem som tror: I mitt namn skall de driva ut onda andar. De skall tala på ett nytt sätt med tungor. [18]De skall taga ormar med händerna. Om de dricker något dödligt gift skall det icke skada dem. De skall lägga händerna på sjuka och göra dem friska." (Mark 16:15 ff Giertz).

Han hade ju också sagt till dem före himmelsfärden: "8 Men när den helige Ande kommer över er, ska ni få kraft och bli mina vittnen i Jerusalem, i hela Judeen och Samarien och ända till jordens yttersta gräns." (Apg 1:8 SFB 2015). Att bli vittnen intill jordens yttersta gräns skulle nog kräva mirakler....

När själva "startskottet" gick för apostlarnas och den första kyrkans verksamhet skedde det ju med under och tecken – ljudet av en mäktig vind och tungor såsom av eld. Och olärda män och kvinnor började tala om Guds väldiga gärningar på språk de inte hade lärt sig.. Någon har sagt: "Tungotal är underverk i ord." Det är tänkvärt och uppmuntrande när vi tycker att det sker för lite av Guds övernaturliga kraft omkring oss.

Så följer vi tråden av under och tecken genom Apostlagärningar. Här kan jag nog inte numrera alla exemplen och kommentera dem, för de finns oftast flera gånger på varje sida. Det får bli i form av kategorier och exempel som leder resonemanget framåt och lär oss se mönstret och strukturen i undrens roll Apostlagärningarnas kristendom.

1 Helandet är Guds barmhärtighetsgärning men ger också trovärdighet åt budskapet och leder till omvändelser.

Det är en stor svaghet och brist och kanske till och med synd – att se helandet som en metod att få framgång, som en verksamhetsmetod.

Individens behov och gudsmänniskans vrede över sjukdomen och ondskans gärningar är alltid utgångspunkten för Jesus och apostlarnas agerande bland sjuka och behövande människor.

Undret med den lame mannen vid "Sköna porten" är ett viktigt exempel som också får mycket utrymme i hela kapitel tre och en stor del av kapitel fyra.

"En dag vid tretiden på eftermiddagen var Petrus och Johannes på väg till templet för att be. Samtidigt bar man dit en man som hade varit lam sedan födseln. Varje dag satte man honom vid den av templets portar som kallades Sköna Porten, och där satt han och tiggde ihop sitt uppehälle av tempelbesökarna. När han fick syn på Petrus och Johannes, som var på väg in i templet, bad han om en allmosa. Petrus, som hade Johannes bredvid sig, fångade hans blick och sa:
- Se på oss
Tiggaren tittade upp och hoppades få en slant.
- Jag har inte ett öre att ge dig, men det jag har, det ska du få: I Jesus Kristus, nasaréns namn, res på dig!
Och därmed fattade han tag om mannens högra hand och drog upp honom på benen, I samma ögonblick fick hans fötter och vrister styrkan tillbaka. Han for upp och började gå runt.
Han följde med dem in i templet, sprang hit och dit, skuttade och dansade och prisade Gud. Alla i templet såg honom gå och lovsjunga Gud och såg att det var tiggaren från Sköna Porten. Häpna gnuggade de sig i ögonen och visste inte riktigt om de skulle våga tro vad

de såg.

Den själaglade mannen slog armarna om Petrus och Johannes. Från alla håll kom folk rusande till Salomos pelargång, där de stod, för att se undret med egna ögon." (Apg 3 – Eugen Petersons parafras The Message på svenska, Libris Förlag)

Hur reagerar apostlarna, när det blir stor folksamling och uppståndelse på grund av det här undret? De tonar ner sin egen roll och betydelse och visar på Jesus som källan till undret.

"12 När Petrus såg det sade han till folket: "Israeliter! Varför är ni förvånade över det här? Varför stirrar ni på oss, som om vi av egen kraft eller fromhet hade gjort att han kan gå? 13 Nej, Abrahams, Isaks och Jakobs Gud, våra fäders Gud, har förhärligat sin tjänare Jesus...."
(Apg 3:12 f, SFB 2015)

De använder tillfället att förkunna evangeliet och mana människor till omvändelse. Och fast de inte får avsluta samlingen i lugn och ro utan blir arresterad av Stora Rådets utsända, finns den lakoniska anteckningen i Apg 4:4: 4 Men många av dem som hade hört ordet kom till tro, och antalet män var nu omkring fem tusen. (SFB 2015).

Nästa dag blir det förhör med Petrus och Johannes inför översteprästerna och många andra av folkets ledare.

8 Då uppfylldes Petrus av den helige Ande och svarade dem: "Rådsherrar och äldste för vårt folk! 9 Om vi står till svars i dag för en välgärning mot en sjuk man och ska förklara hur han blev botad, 10 så ska ni alla och hela Israels folk veta att han står frisk framför er i kraft av Jesu Kristi nasaréns namn. Ni korsfäste honom, men Gud har uppväckt honom från de döda. 11 Jesus är

stenen som ni byggnadsarbetare förkastade men som har blivit en hörnsten. 12 Hos ingen annan finns frälsningen, och under himlen finns inget annat namn som människor fått genom vilket vi blir frälsta." 13 När de såg hur frimodiga Petrus och Johannes var och märkte att de var olärda män ur folket, blev de förvånade. Men så kände de igen dem och kom ihåg att de hade varit med Jesus. 14 Och när de såg mannen som blivit botad stå där tillsammans med dem, blev de svarslösa. (Apg 4 – SFB 2015)

Några nyckelfraser här är värda att nämna och fundera vidare på:

"en välgärning mot en sjuk man" - det första och avgörande motivet för helandeverksamhet.

" han står frisk framför er i kraft av Jesu Kristi nasaréns namn" - Jesus är undrets källa och centrum för vår uppmärksamhet.

"när de såg mannen som hade blivit botad stå där tillsammans med dem, blev de svarslösa" - undren och tecknen gör evangeliet trovärdigt och slagkraftigt.

Samma mönster ser vi i väckelsen i Samarien:

"4Men de troende, som hade flytt från Jerusalem, vandrade omkring och predikade de goda nyheterna om Jesus överallt dit de kom. 5Filippos, till exempel, gick till staden Samaria och berättade för människorna där om Kristus. 6Folket lyssnade uppmärksamt till vad han hade att säga när de såg de märkliga under han gjorde. 7Många onda andar drevs ut och lämnade sina offer under högljudda rop, och många som hade varit förlamade eller handikappade på annat sätt blev botade. 8Därför blev det stor glädje i den staden." (Apg 8 - Boken)

Undren var evangeliets klangbotten och äkthetsmärke. Den stora glädjen i staden var glädjen hos alla förvandlade människor och deras anhöriga och inte i första hand en glädje hos Filippos och de troende över evangeliets framgångar genom "undrens metodik".

I Filippi befriar Paulus slavflickan från en spådomsande – ett barmhärtighetsunder, som till en början ställer till mycket förtret och fysisk smärta för honom själv och hans reskamrat Silas. (Apg 16:16 ff). Visserligen blir de efterföljande händelserna i fängelset på natten till en seger för evangeliet, men det var ju inte det som drev Paulus när han agerade.

2 I Apostlagärningarna möter vi också kraftgärningar och under som straffar ondskan och skapar gudsfruktan och respekt för församlingen
I kapitel 13 befinner sig Paulus och Barnabas på Cypern på sin första missionsresa. Hos landshövdingen Sergius Paulus förkunnar de evangeliet, när trollkarlen Elymas försöker sabotera det hela. Då spänner Paulus ögonen i honom och uttalar bestraffande ord, och direkt blir mannen blind under en tid. "12 När ståthållaren såg det som hände kom han till tro, överväldigad av Herrens lära." (Apg 13:12 SFB 2015)

Det går ju inte heller att förbigå de gåtfulla och en smula skrämmande kraftgärningarna i kapitel 5, när Ananias och Safira straffas med döden för att de ljuger om köpesumman de fått för en egendom. Petrus påpekar att de har ljugit för den helige Ande.
De här bestraffande kraftgärningarna gör att respekten

för Gud och Hans församling blir stadfäst.(Apg 5:1-13)

Jag blir påmind om den engelske författaren CS Lewis och hans fascinerande Narniaböcker, där man exempelvis i "Häxan och lejonet" kan se klara kristna tankar. När barnen i berättelsen vill veta mer om lejonet Aslan (den store konungens son) och frågar "Är han farlig?", får de svaret "Det är klart han är farlig! Men han är god!" Och de får också höra "Aslan är inget tamt lejon!"

Mitt intryck av det jag har läst om tider av förnyelse och väckelse är att respekt och sann gudsfruktan är något som upprättas. Gud är ingen "mysgud", ingen docka som vi kan klä ut som vi vill. "Det är klart Han är farlig! Men Han är god!"

3 En tredje kategori under vi möter i Apostlagärningarna är när Herrens tjänare får uppleva gudomligt skydd, befrielse och hjälp
Apostlarna Petrus och Johannes befrias från häktet för att kunna fortsätta att ge folket i Jerusalem budskapet om Jesus. "[17]Då ingrep översteprästen och alla hans närmaste män, det vill säga saddukeernas parti. Upptända av trosnit [18]grep de apostlarna och satte dem i stadshäktet. [19]Men på natten öppnade en ängel från Herren fängelsets dörrar och förde ut apostlarna och sade: [20]"Gå och ställ er i templet och låt folket höra allt om detta nya liv." [21]De lydde och gick tidigt på morgonen till templet och undervisade. " (Apg 5:17-21, 2000)
Petrus befrias ur fängelset, när Herodes håller honom strängt bevakad för att efter helgen döma och avrätta

honom. Det hela sker på ett så märkligt sätt, att Petrus själv tror att det är en dröm, tills han lös och ledig befinner sig på en gata i stan. (Apg 12:1-11) Paulus och Silas upplever i fängelset i Filippi, hur fängelset skakas och dörrarna öppnas och kedjorna och bojorna lossnar från dem. (Apg 16:22 ff) Filippus får efter sitt möte med den etiopiske hovmannen uppleva det märkliga, att han lyfts av Guds kraft och förflyttas till en annan plats. (Apg 8:36-40) Paulus får efter skeppsbrottet på ön Malta efter ett par veckor på havet uppleva det märkliga, att han vid plockning av ris till elden blir biten av en giftorm som håller sig kvar i hans hand. "[3]Paulus drog ihop ett fång torrt ris, och då han lade det på elden kom en huggorm fram på grund av värmen och högg sig fast vid hans hand. [4]När de infödda såg ormen hänga från handen på honom sade de till varandra: "Den där mannen måste vara en mördare. Han har räddats från havet, men rättvisans gudinna ville inte att han skulle få leva." [5]Men Paulus skakade av sig ormen i elden och tog ingen skada. " (Apg 28:3-5 - 2000)

Det känns angeläget att poängtera, att de här undren inte innebär att dessa Herrens tjänare har något slags "gräddfil" genom tillvaron, där de skyddade från förtret och besvär lever ett liv i lyx och överflöd. De använder inte tron till att nå egna fördelar och leva ett bekvämt liv. Nej, de finns i gränslandet av yttersta nöd och slit och betryck och i obekväma och farliga situationer. Mitt i allt detta griper Gud in med sin befrielse och sitt beskydd.
För att uppleva den här typen av under i våra liv och våra församlingar behöver vi nog leva betydligt

närmare gränsen av risktagande och utmattning och utsatthet, än vad vi gör i dag som kristna i vårt land. Låt mig få återvända till den första och vanligaste kategorin av under i Apostlagärningarna och knyta an till vår tid. "Helandet är Guds barmhärtighetsgärning men ger också trovärdighet åt budskapet och leder till omvändelser."

Bartimaios

Honom såg jag nu
med pånyttfödda ögon.
Det var Davids Son.

(Ingvar Holmberg)

Samtalsfrågor

1 Har några av er själva upplevt eller sett påtagliga helanden eller under? Berätta mycket kortfattat – som ett nyhetstelegram – för varann.

2 Är det nödvändigt med helanden under och tecken i kyrkorna i Sverige? Motivera, i så fall!

3 Samtala mer om helandet som en barmhärtighetsgärning och inte som PR för Gud och församlingen.

4 Namnet Jesus

Apostlagärningarnas kristna och församlingar var en utpräglad Jesusrörelse.
Många av oss äldre minns den frejdiga och lite uppkäftiga Jesusrörelsen som spreds ut över världen med början i Kalifornien på slutet av 1960-talet. Lonnie Frisbee, pastorn Chuck Smith och den växande kyrkan Calvary Chapel är några nyckelord i den rörelsen. Med biblar i händerna och med sånger till gitarr och predikan på gatorna och med många boendekollektiv blev de ett oväntat och exotiskt inslag också i kyrkan i Sverige och Europa.
Ja, Frälsningsarmén och Pingströrelsen och även andra kände sig nog besläktade och inspirerade av Jesusfolket, eftersom det enkla talet om Jesus och bönen till Jesus var ett gemensamt arv.

Sanningen är nog i alla fall den, att det är lätt för kyrkan och dess företrädare att tona ner det flitiga användandet av namnet Jesus och mer tala om Gud, Herren och Kristus.
Det har ju i alla tider tider funnits ganska många utanför församlingarna, som säger att de är mycket sympatiskt inställda till Gud och kristendomen "om ni bara inte talar så mycket om Jesus".

I Apostlagärningarna är Jesus Dörren och Vägen till frälsningen och Gud, och Jesusnamnet är svängtappen och gångjärnet till frälsningens och helandets dörr.

Petrus säger i sin predikan på Pingstdagen: "36 Därför kan hela Israels folk veta säkert att denne Jesus som ni korsfäste, honom har Gud gjort till både Herre och Messias."

37 När de hörde detta högg det till i hjärtat på dem, och de frågade Petrus och de andra apostlarna: "Bröder, vad ska vi göra?" 38 Petrus svarade dem: "Omvänd er och låt er alla döpas i Jesu Kristi namn, så att era synder blir förlåtna. Då får ni den helige Ande som gåva."
(Apg 2 – SFB 2015)

Undret med den lame mannen vid Sköna Porten och den efterföljande predikan till folket och också diskussionen med judarnas ledare handlar nästan uteslutande om Jesus och kraften i hans namn.

"[6]Men Petrus sade: Silver och guld har jag inte. Men vad jag har, det ger jag dig. I Jesu Kristi Nasareens namn: stig upp och gå! [7]Så tog han honom stadigt vid högra handen och reste honom upp. Och genast fick han styrka i benen och vristerna [8]och sprang upp och stod på sina fötter och började gå omkring. Han följde dem in i templet, gående och hoppande medan han prisade Gud. [9]Allt folket såg honom, där han gick omkring under tacksägelser till Gud. ..
[11]När han nu höll sig till Petrus och Johannes, strömmade allt folket samman omkring dem, utom sig av häpnad, i Salomos pelargång som den kallas. [12]När Petrus såg det, började han tala till folket:
Ni israeliter, varför är ni så häpna, och varför stirrar ni på oss, som om det vore vår egen kraft eller fromhet, som har åstadkommit att den här mannen kan gå?
[13]Nej, det är Abrahams, Isaks och Jakobs Gud, våra fäders Gud, som har förhärligat sin tjänare Jesus, den

som ni förrådde...[15]Livets furste dräpte ni, men Gud har uppväckt honom från de döda. Det kan vi vittna om. [16]Därför att mannen här, som ni ser och känner, har satt tro till Jesu namn, har det namnet givit honom styrka att stå på sina ben. Den tro som Jesus väcker har gjort honom helt och hållet frisk, som ni alla kan se." (Apg kap 3 – Giertz)

"Hur har sånt folk som ni kunnat göra det här? Vad är det för krafter ni använder er av? Eller vems namn? [8]Då blev Petrus fylld av helig Ande och sade till dem: Ni folkets rådsherrar och äldste, [9]om vi i dag skall förhöras, därför att det skett en välgärning mot en sjuk människa, och om ni vill ha reda på hur den här mannen har blivit hjälpt, [10]då skall ni veta, ni allihopa och hela Israels folk, att detta har skett i Jesu Kristi nasareens namn, hans som ni lät korsfästa, men som Gud har uppväckt från de döda! Det är Jesus som har gjort, att mannen står här frisk och färdig framför er. [11]Han är den stenen, som blev förkastad av husbyggarna — av er själva — men som har blivit en hörnsten. [12]I ingen annan finns det frälsning. Inte heller finns det något annat namn under himlen, som givits åt oss människor, genom vilket vi kan bli frälsta." (Apg kap 4 – Giertz)

Apostlagärningarnas kristna döpte människor i Jesu namn (och säkert även i "Faderns, Sonens och den helige Andes namn", som Jesus hade befallt dem), och de hänvisade till Jesus hela tiden. Han var Frälsaren och Läkaren, och hans namn var den utlösande kraften.

Efter förhöret hos judarnas ledare, där de blir förbjudna

att tala i Jesu namn, kommer Petrus och Johannes tillbaka till sina egna. Hela församlingen börjar bedja, och avslutningen på detta beskrivs enligt följande: "29 Och nu, Herre, se hur de hotar oss! Hjälp dina tjänare att frimodigt förkunna ditt ord, 30 genom att du räcker ut din hand och låter helande, tecken och under ske genom din helige tjänare Jesu namn." 31 När de hade bett skakades platsen där de var samlade, och de uppfylldes alla av den helige Ande och förkunnade Guds ord med frimodighet."
(Apg kap 4 – SFB 2015)

Lite senare står Petrus och Johannes på nytt inför översteprästen och de övriga judiska ledarna: "och översteprästen förhörde dem 28 och sade: "Har vi inte strängt förbjudit er att undervisa i det namnet? Och nu har ni fyllt Jerusalem med er lära och vill att den mannens blod ska komma över oss!" 29 Då svarade Petrus och apostlarna: "Man måste lyda Gud mer än människor. 30 Våra fäders Gud har uppväckt Jesus, som ni hängde upp på trä och dödade. 31 Honom har Gud upphöjt till sin högra sida som furste och frälsare för att ge Israel omvändelse och syndernas förlåtelse. "
(Apg kap 5 – SFB 2015).

Väckelsen i Samarien (Apg kap 8) är också en verklig Jesusväckelse. "12 Men när de nu trodde på Filippus, som förkunnade evangeliet om Guds rike och Jesu Kristi namn, döptes de, både män och kvinnor. " (SFB 2015)

När Paulus är i Efesus blir förkunnelsen om Jesus och Jesu namn så allmänt känt, att ickekristna besvärjare

63

försökte sig på att använda det. "13 Några kringvandrande judiska andeutdrivare försökte sig också på att uttala Herren Jesu namn över dem som hade onda andar. De sade: "Jag besvär er vid den Jesus som Paulus predikar!" 14 Det var sju söner till en viss Skevas, en judisk överstepräst, som gjorde så. 15 Men den onda anden svarade dem: "Jesus känner jag, och Paulus vet jag vem det är. Men vilka är ni?" 16 Och mannen med den onda anden kastade sig över dem, övermannade dem alla och misshandlade dem så svårt att de flydde ur huset, nakna och blodiga. 17 Detta blev känt för alla i Efesos, både judar och greker. Alla greps av fruktan och Herren Jesu namn blev prisat." (Apg kap 19 – SFB)

Att be i Jesu namn (Matt 18:18-20) och att göra allt i Jesu namn (Kol 3:17) är naturligtvis mer än att bokstavligt säga "I Jesu namn" i alla sammanhang. Det handlar säkert också om att handla och tala och be på Jesu vägnar, så som han skulle ha gjort och i hans Ande och anda.

Men – kyrkan i dag är också Jesu kyrka som ska sprida Jesu Rike och hämta sin inspiration från Jesus och hans namn. De kyrkor och församlingar inom olika samfund som är "Jesuskyrkor" och Jesuscentrerade är de levande och växande och de som vinner förtroende i längden. Sankta Clara församling i centrala Stockholm är ett utmärkt exempel på det. I lika hög grad tror jag att de kyrkor som tonar ner Jesusgestalten och Jesusnamnet kommer att hamna i bakvattnet och inte beröra människors hjärtan.

En del förkunnare och församlingar lägger ner en hel del möda på att uppfostra oss att "be till Fadern i Jesu namn", och slutsatsen är egentligen att det skulle vara "lite sämre" att be till Jesus. Min tro är att om Jesus och den Helige Ande är enheter i Treenigheten, så är det både bra och tillåtet att be till Anden och be till Jesus, likaväl som man ber till Fadern eller till "Treenige Gud – Fader, Son och Helig Ande".

Paulus skriver i alla fall i 1 Tim 1:12: "[12]Honom som gav mig kraft, Kristus Jesus vår Herre, tackar jag för att han ansåg mig värd att betros med denna tjänst.." (Giertz)

Det gamle aposteln Johannes sammanfattar det också på ett bra sätt: "[23]Den som förnekar Sonen har heller inte Fadern. Den som erkänner Sonen har också Fadern. " (kap 2 – 2000)

Det ger mig stor glädje att tillhöra en rörelse (Pingströrelsen), som i nästan alla kapell och kyrkor har haft namnet "Jesus" på framträdande plats. Fortfarande fortsätter den traditionen till stor del. Jag ser det som en viktigare markering i dag än nånsin tidigare.

För några årtionden sen fick den som kom in en pingstkyrka och många andra kyrkor möta ett halvhögt mumlande innan gudstjänsten började. Det som hördes mest var "sssss". Människor satt och bad halvhögt "Jesus, Jesus!" Om detta exotiska "sus" eller bönebrus skulle återkomma i några eller många kyrkor, så tror jag det vore ganska enkelt att för den ovane besökaren förklara vad det handlar om. Förmodligen skulle nästan alla moderna människor fatta det hela ganska bra. På hockey- eller fotbollsmatch är det kanske

"Djurgårn" eller "Frölunda" som hörs. I kyrkan handlar
det om Jesus. Det är ju inget konstigt!

Bära hans färger

Segertåg i antiken –
generalens triumftåg i Rom –
sånger om segern,
soldaternas stolta marsch
med segrarens standar
och förskräckta krigsfångar,
halvnakna och vanärade.
Skrytande småpojkar
sitter med dinglande ben på muren:
"Ja, vi vann allt, vi.
Och vår general, han är starkast."

Segertåg i nutid –
när hemmalaget vann fotbolls-VM.
Vinnarnas färger lyser överall
på tröjor och halsdukar.
Och vem som helst har rätt att ropa:
"Vi vann, vi vann. Segern är vår!"
Svettig berusning
och kramar till en okänd.
Målskyttens namnteckning
är värd en förmögenhet.
Alla bär hans färger.

Den största segern vanns för länge sen
på Golgatastadion där i Jerusalem.
Det är för två tusen år sen,
men ännu bär vi hans färger,
fler och fler bär hans färger.
Gång på gång möter jag de andra,
som också har
hans personliga namnteckning.
Den gäller för lite av varje,
ja, till och med inträdet
på den stora banketten,
segerfesten,
den nya tidsålderns
ojämförliga party
för dem som bär hans färger.

(Ingvar Holmberg)

Samtalsfrågor
1 Samtala om i hur hög grad ni säger "Jesus" och ber
till Jesus. Känns det bekvämare att tala mer om Gud
eller Herren?

2 Samtala om innehållet och betydelsen av bibelversen
"17 Och allt vad ni gör i ord eller handling, gör det i
Herren Jesu namn och tacka Gud Fadern genom
honom. " (Kolosserbrevet 3:17 SFB 2015)

3 Hur tror ni eller vet ni att era vänner reagerar, om ni
pratar om "Jesus" mer än om "Gud"?

5 Liv i gemenskap

Ofta har det sagts: "Församlingen är inte en organisation utan en organism". Vi har velat poängtera, att kyrkan, församlingen inte är en förening i vanlig mening utan en gemenskap. När den kristna församlingen gestaltar och erbjuder en sann gemenskap, är den tilldragande, även om det finns andra brister. Det innebär naturligtvis inte att det inte krävs arbete och ett visst mått av organiserande för att skapa gemenskap åt alla.

Kristendomen har ju sina rötter i judendomen. I judiskt liv på Jesu och apostlarnas tid handlade det mycket om gemenskap i tre sfärer – familjen, synagogan och templet. Familjen var kärnfamiljen (mamma, pappa, barn) men också släktingar och anställda eller slavar. Synagogan var "kvarterskyrkan" där man träffades varje helg (dvs på lördagen, sabbaten). Templet var platsen för de stora högtiderna, då stora delar av folket samlades för att offra till Gud och fira påsken, pingsten och lövhyddohögtiden. Där fanns pompan och ståten, den storslagna sången och musiken och festen av gemenskapsmåltider och kontakt med andra.
Men det var i familjen som det huvudsakliga andliga livet och den andliga fostran fanns. Familjefadern förväntades svara på barnens frågor "Varför gör vi så?" med att berätta om Gud och Guds Ord och om uttåget ur Egypten och om Guds alla under (2 Mos 13:14, 5 Mos 6:20).

När Jesus börjar predika evangeliet och samla lärjungar omkring sig tycks han på sätt och vis bryta sönder

68

familjebanden. Han bryter upp från sin egen mor och syskon, när de inte kan förstå och acceptera hans kallelse. Han kallar dem som vill göra Guds vilja för sin mor, sin syster och sin bror (Mark 3:31-35). Han säger att den som älskar sin familj mer än att följa honom i spåren inte är honom värdig (Matt 10:34-39). Han vandrar med sina lärjungar och lever i kollektiv med dem under några år. När han sen firar sin sista påskmåltid innan sitt lidande gör han det med sin "andliga familj" och inte med sin fysiska familj, som det egentligen var föreskrivet (2 Mos 12). Många av hans lärjungar var förmodligen ogifta, unga män, men åtminstone Petrus var gift (han hade i alla fall en svärmor enligt Matt 8:14 f).

På flera andra sätt i sin undervisning och sitt handlande visar Jesus förstås att han stöder familjen och vill hålla ihop familjen – när han välsignar barnen, när han ger änkan i Nain hennes döde son liv igen mm.

Min egen slutsats i det här blir ungefär följande: Jesus lär att man måste välja honom, välja Gud, före alla människor, till och med sin egen familj. Gud och Guds Rike kommer först. Sen ska man värna och vårda äktenskapet och familjen. Han chockar exempelvis både de judiska lärarna och sina lärjungar med sin stränga tolkning av förbudet mot skilsmässa – Matt 19.

Med den här lilla bakgrunden kommer vi till Apostlagärningarnas tid och hur apostlarna och de första församlingarna hade det med gemenskapen i familjen och församlingen.

Det finns en hel del jag skulle vilja fråga Petrus i det här. Hur hanterade han det där med frun och familjen och svärmor, när han sen fick fortsätta i Jerusalem som en av församlingens ledare? Flyttade han familjen till sig eller veckopendlade han? Vi får veta i en anteckning av Paulus, att Petrus åtminstone ibland hade sin fru med på sina resor - 1 Kor 9:5. Ja, det fanns nog en hel frågor i det dagliga livet att brottas med också på den tiden.

I Apostlagärningarnas andra kapitel finns på ett par boksidor många stora händelser noterade. I slutet av kapitlet möter vi begreppet "gemenskapen" eller "församlingsgemenskapen", och det begreppet ska vi återkomma till.

Apostlarna och de övriga lärjungarna, som var samlade till bön, blev på pingstdagen fyllda med den helige Ande. På en liten stund upplöstes den interna samlingen och bönemötet, och de tungotalande och lovprisande Jesuslärjungarna tycktes befinna sig mitt i en häpen folksamling utomhus. Bönemötet blev till ett stort friluftsmöte med flera tusen åhörare och åskådare. Petrus och de andra apostlarna predikade om Jesus, vägledde människor till omvändelse, och den dagen omvände sig tre tusen personer och lät döpa sig i vatten och förenade sig med församlingen.

Det finns ingen förteckning på dessa tre tusen personer, men förmodligen tillhörde de flesta någon av tre kategorier: (1) De var lokala Jerusalemsbor (2) De bodde på andra håll i Galileen och Judeen och hade kommit för fira högtid i Jerusalem (3) De var troende judar från olika delar av Medelhavsområdet som hade kommit till Jerusalem för att fira högtid i templet.

De hade fått göra sitt livs största upplevelse genom mötet med Jesus och den helige Ande och hade döpts i vatten som en tydlig illustration av att det gamla livet hade dött och ett nytt hade kommit. Det fanns nog inte i deras hjärna att återvända till vardagen på sin hemort. Återresor blev inställda, och allt inriktades på att leva i detta nya, fantastiska liv i den kristna gemenskapen.

"41 De som tog emot hans ord döptes, och antalet lärjungar ökade den dagen med omkring tre tusen. 42 De höll troget fast vid apostlarnas undervisning och vid gemenskapen, brödsbrytelsen och bönerna. 43 Varje själ greps av bävan, och många under och tecken gjordes genom apostlarna. 44 Alla de troende var tillsammans och hade allt gemensamt. 45 De började sälja sina egendomar och ägodelar och delade ut till alla efter vars och ens behov. 46 Varje dag var de troget och enigt tillsammans i templet, och i hemmen bröt de bröd och delade måltid med varandra i jublande, innerlig glädje. 47 De prisade Gud och var omtyckta av hela folket. Och Herren ökade var dag skaran med dem som blev frälsta. " (Apg kap 2 – SFB 2015)

Man brukar ofta tala om fyra hörnpelare i den första kristna församlingen som ett mönster för församlingsbyggande i alla tider. I ovanstående versar finns dessa grundpelare – apostlarnas lära, gemenskapen, brödsbrytelsen (nattvarden) och bönerna. Jag har valt Folkbibelns översättning här med ordet "gemenskapen". Kyrkobibeln 1917 har "brödragemenskapen", och Bibel 2000 har "den inbördes hjälpen". Alla varianterna bygger på grekiskan "koinonia", vars bredaste översättning är "gemenskap" men som innefattar "den inbördes hjälpen".

Gemenskapen i församlingen i Jerusalem hade ett

71

särdrag med frivillig egendomsgemenskap och en gemensam kassa och "kommitté", som fördelade mat och ekonomiskt stöd till de medlemmar som behövde det. Det finns ingen undervisning om att detta skulle vara en norm för församlingen i alla tider. Inte heller ser vi i Apostlagärningarna eller breven att detta praktiserades någon annan stans på samma sätt som i Jerusalem.

Vad kan det finnas för orsaker till detta?

Min teori är att församlingen i Jerusalem var både en vanlig lokal församling och en tillfällig "konferensförsamling", ett "träningscenter" som måste hantera alla dessa medlemmar som stannade kvar i Jerusalem men som hade hem och sin försörjning någon stans långt borta. Jag utvecklar frågan lite mer i ett par kommande kapitel.

Det vi ser som en allmän undervisning om gemenskapen för alla tider och alla församlingar är i dessa versar en tät gemenskap med stora, gemensamma gudstjänster ofta, och med mindre samlingar i hemmen varje dag med bön, undervisning, måltidsgemenskap och nattvardsfirande.

På svenska börjar "gemenskap" med "ge", och sann, äkta gemenskap finns oftast där man mer vill ge än att ta. Den som väntar med att ge vänskap och värme och omsorg, tills man får det av andra, kan ofta gå miste om mycket av gemenskap.

Denna glada "ge-gemenskap" som vi möter i församlingen i Jerusalem är verkligen ett mönster för alla tider.

"32 Hela skaran av dem som kommit till tro var ett
hjärta och en själ, och ingen kallade något av det han
ägde för sitt utan de hade allt gemensamt. 33 Med stor
kraft bar apostlarna fram vittnesbördet om Herren Jesu
uppståndelse, och stor nåd var över dem alla.
34 Ingen av dem led någon brist, för alla som hade
mark eller hus sålde sådant som de ägde och bar fram
betalningen för det som sålts 35 och lade ner det vid
apostlarnas fötter. Och man delade ut åt var och en efter
hans behov. 36 Även Josef, en levit född på Cypern
som apostlarna kallade Barnabas (det betyder Tröstens
son), 37 hade en åker. Han sålde den och bar fram
pengarna och lade dem vid apostlarnas fötter. " (Apg
kap 4 – SFB 2015)

Apostlagärningarnas församlingar hade inte stora
gudstjänstlokaler att samlas i. Inte ens den stora
församlingen i Jerusalem hade det. Det verkar som om
de samlades i templet, dvs på tempelområdet, eftersom
de alla var judar. Kanske stod de bara tillsammans, och
de som hittade en sittplats satt. Där sjöng de lovsång
och lyssnade till predikan och undervisning mitt ibland
alla andra människor. De som ville "smyglyssna" kunde
göra det enkelt. Inte konstigt att församlingen ökade
från dag till dag. (Apg 2:46-47)
Hemmen och samlingarna där var alltså mer
oumbärliga rent lokalmässigt för de första
församlingarna än för oss i dag. Men det var inte i
första hand en praktisk fråga. I grupperna i hemmen var
"gemenskapen" ännu tydligare, närheten och omsorgen
och den inbördes hjälpen. När de första kristna hörde
ordet "församlingen" tänkte de förmodligen i första
hand på gemenskapen i hemmen. Vad tänker du och jag

på när vi hör ordet "församlingen"? Är det i första hand kyrkobyggnaden eller söndagsgudstjänsten eller är det gemenskapen i bönegruppen / cellgruppen?

När man talar om församlingsstruktur i dag, talar man ofta om de två viktiga enheterna "gudstjänst i kyrkan" och "smågrupper i hemmen". Glädjande nog satsar många församlingsledningar i större församlingar på att utveckla smågruppsarbetet numera. Det finns på många håll församlingar som kallar sig "cellgruppsförsamlingar" för att markera, att de anser att samlingen i lilla gruppen (helst varje vecka) är det allra viktigaste uttrycket för församlingsgemenskapen. Troligen är vi sanna efterföljare till Apostlagärningarnas kristendom om vi mer och mer blir "cellgruppsförsamlingar". Där är det mer regel än undantag att regelbundet delta i en smågrupp.

Några dagar innan jag skriver det här upplevde jag "gemenskapen" i vår bönegrupp i området, där jag och min fru bor. Ett par av medlemmarna i vår grupp behöver skjutsas till och från samlingen. En av dessa, som nyligen flyttat till ny bostad, berättade om praktiska behov av stolar och annat. Direkt hakade ett par av de andra i gruppen (frivilliga i secondhand-affären) på med frågor om detta. Mitt intryck blev att frågan om stolar och flera andra frågor löstes direkt där runt fikabordet efter sång och lyssnande och bön. Det var verkligen "koinonia" - gemenskapen och den inbördes hjälpen.

Alla kristna borde få vara med i en sån här grupp. Vi pastorer och församlingsledningar behöver vara starka förespråkare för smågrupperna både genom vårt eget exempel och genom att arbeta konkret i utvecklandet av smågrupperna och bildandet av fler grupper.

Ny i stan

Han kom och sökte en bibeltrogen kyrka,
ett andligt hem han kunde kalla sitt,
där han kunde finna vägledning och styrka
och hitta sanningen - svart på vitt.
Och bibliska var dom, det var bara de' -
dom följde Johannes sju och femtitre:
"Sedan gick var och en hem till sitt."

"Sedan gick var och en hem till sitt"
(Joh. 7:53 Folkbibeln)
(Ingvar Holmberg)

Samtalsfrågor
1 Prata om orden "gemenskap" och
"församlingsgemenskap. Vilka är det viktigaste
faktorerna för er i de begreppen?

2 Hur skulle den smågrupp eller bönegrupp vara, där du
skulle vilja vara med?

6 Allt är andligt

Allt var andligt i den första församlingen i Jerusalem. Med det menar jag att ingen del av arbetet eller församlingslivet ansågs utanför det andligas sfär. Precis som i vår tids församlingar fanns det praktiska frågor som måste lösas. Till och med i församlingen med en brusande väckelse och andlig tillväxt fanns det missnöje. Gemensamhetslivet och matutdelningen till de behövande i församlingen fungerande inte friktionsfritt, och i allra första början fick apostlarna – församlingens pastorer – hålla i det praktiska själva. I kapitel sex beskrivs situationen.

"Men när de troendes antal ökade så snabbt, uppstod det en hel del missnöje bland dem. De nyomvända bland de grekisktalande klagade över att man glömde bort deras änkor och att de inte fick lika mycket mat vid den dagliga utdelningen som de hebreisktalande änkorna fick. [2]De tolv kallade därför samman de troende till ett möte.

"Vi bör använda vår tid till att predika och inte till att sköta matutdelningen", sa de. [3]"Ta därför reda på, kära bröder, vem ibland er som är mest lämpad för detta. Välj sedan ut sju män, som är pålitliga och fyllda av den helige Ande, och som alla uppskattar. Vi kommer därefter att anförtro den här uppgiften åt dem. [4]Sedan kan vi använda vår tid till bön och tjänsten att predika Guds ord."

[5]Alla tyckte att detta lät förnuftigt, och de valde följande män: Stefanos, en man som var full av tro och helig Ande, Filippos, Prochoros, Nikanor, Timon, Parmenas och Nikolaos från Antiochia, en före detta

hedning, som blivit omvänd till den judiska tron och sedan blivit kristen. [6]Dessa sju fördes fram inför apostlarna som bad för dem och välsignade dem genom att lägga sina händer på dem. [7]Guds ord nådde nu ut i allt större kretsar, och antalet lärjungar i Jerusalem ökade kraftigt. Många av de judiska prästerna blev också omvända." (Boken) Apostlarna – de andliga ledarna – ville inte hålla på med matutdelningen och den administrationen. Det berodde inte på att de tyckte att denna verksamhet inte var andlig. Tvärtom ansåg de, att det var så viktigt och andligt, att det måste skötas av människor som hade speciell utrustning för detta. Dessutom insåg de att de själva måste koncentrera sig på det som var allra viktigast för dem och som var deras kallelse och gåva. Sen visar apostlarna prov på gott ledarskap. De sätter själva upp kriterierna och kvalifikationerna för dem som ska sättas in i den här uppgiften, men de överlåter förslagen och utväljandet till församlingens medlemmar. Sen ska de som ledare med handpåläggning och förbön erkänna dem och inviga dem till tjänst.

Uppgiften var i högsta grad praktisk och administrativ. Vilka kvalifikationer sökte man efter hos dem som skulle sköta detta? Man sökte efter "gott anseende" och att de skulle vara "fyllda av Ande och vishet". "3 Nej, bröder, utse sju män bland er som har gott anseende och är fyllda av Ande och vishet, så ger vi dem den uppgiften." (SFB 2015)

Det praktiska är andligt, för allt är andligt. Därför behövde man i den första församlingen vara andefylld för att utföra praktiska uppgifter.

Finns det hos oss en risk att vi gör tvärtom? När vi söker efter andliga ledare till församlingsledningen, frågar vi alltför mycket efter administrativa och praktiska gåvor och mänskliga meriter och alltför lite efter andeuppfyllelse?

Lite nu och då har vi nog alla mött dessa som utför praktiska uppgifter uppfyllda av helig Ande. De har glädje i sin uppgift, och de lyckas bra. Städning av kyrkan, serveringar, reparationsarbeten och fixande av lösningar på olika praktiska problem, ekonomi och administration – i alla dessa uppgifter finns det utrymme för den helige Andes kraft och hjälp. Allt är viktigt och värdefullt, och allt är andligt, om det ingår i församlingens sanna tjänst på jorden.

Det direkta resultatet av det här handlandet syns i slutet av bibeltexten.

"⁷Guds ord nådde nu ut i allt större kretsar, och antalet lärjungar i Jerusalem ökade kraftigt. Många av de judiska prästerna blev också omvända." (Levande Bibeln)

Två av dessa praktiska församlingstjänare har blivit kända också på annat sätt:

Stefanus hann på lediga stunder också med att förkunna Guds Ord och förmedla andlig hjälp och helande till behövande. Det verkade inte som om hans praktiska huvuduppgift i församlingen på något sätt dämpade hans andliga glöd och kraft. Troligen talade han flytande grekiska också (den tidens "engelska"), eftersom det i texten nämns om människor från andra provinser i romarriket.

" ⁸Stefanus, som var full av nåd och kraft, gjorde stora

tecken och under bland folket. [9]Men då ingrep några från den synagogan, som kallades de frigivnas och cyreneernas och alexandrinernas, och några som kom från Cilicien och Asien. De gav sig i diskussion med Stefanus [10]men kom till korta inför visheten och kraften i hans tal." (Giertz)

Filippus, som senare kallas evangelisten, var också en av de sju som hann mer än sin praktiska syssla och som växte in i andra uppgifter. Vi har redan tidigare i den här boken mött honom i Samarien och i mötet med den etiopiske hovmannen (Apg kap 8).

Stefanus och Filippus är lysande illustrationer på det som Paulus senare skriver om diakoner och församlingstjänare med praktiska uppgifter. " 13 De som sköter sin tjänst väl får en god ställning och stor frimodighet i tron på Kristus Jesus. " (1 Tim kap 3 – SFB 2015)

I den kristna församlingen hör det praktiska och det andliga ihop, och allt är andligt. Ljudtekniker och kyrkstädare och serveringsgrupper behöver den helige Andes kraft och utrustning likaväl som sångare, predikanter, bibelstudieledare och söndagsskollärare. Vi lär oss också av Apostlagärningarna kapitel sex, att de praktiska uppgifterna ska tas på allvar och erkännas och ses och välsignas.

Hemlös

Han kom till mitt tjänsterum
vid kyrkan på kvällen
för att få prata en stund
och kanske få en sängplats.
Jag gav honom smörgåsar och té
(utan moralkakor)
och utdragsbädden i soffan
i min lilla etta.
Han ville be aftonbön
innan vi släckte lampan.
(Han hade ju varit frälst
en tid för länge sen
och brukade fortfarande tala med Gud)
I dag när jag kom tillbaka
efter tidig morgontjänst
gav jag honom kaffe och smörgås
och strumpor och ett par skor
i lämpligare storlek än hans
lånade sportskor.
(Absolut ingen uppoffring för mig,
som aldrig har trivts i de skorna.)
Han var sjuttiofem år gammal,
resande byggnadssnickare
och alkoholist
och luffare (sa han själv).
Nu började kroppen säga ifrån,
och det var svårt att gå.
Han sa "tack" flera gånger,
men det som rörde mig mest
var orden han sa till sist,
innan han mödosamt gick sin väg:

81

"Jag funderade mycket i natt.
Nu vill jag två saker -
bli frälst igen
och sen få dö så fort som möjligt
och gå hem till Gud.
Jag är trött på att leva."

(Ingvar Holmberg 1997)

Samtalsfrågor
1 Håller ni med om kapitelrubriken "Allt är andligt"?

2 På vilket sätt tycker ni att städning av kyrkan, servering av fika och administrativt eller ekonomiskt arbete i församlingen behöver vara "andligt"?

3. Vidga frågan till livet över huvud taget! Hur kan vi se andlighet i hela vår vardag?

7 Jesu vittnen

Vi kallas och kallar oss pastor, kyrkoherde, ungdomspastor, bibellärare, sjukhuspastor, barn- och familjepastor, omsorgspastor mm mm. För några årtionden sen kallades vi och kallade oss själva "Herrens vittnen". När jag gjorde mina första lärospån som förkunnare i slutet av 1960-talet, hörde jag ofta att man lite anspråkslöst sa "vittna", när man egentligen talade om predikan. Vi "vittnade" i mötena, och vi var vittnen. Dessutom var det nästan obligatoriskt med "vittnesbörd" av olika kristna. Då kunde det vara ett verkligt vittnesbörd om en upplevelse eller händelse, men det kunde likaväl vara en kortare predikan med utläggning av en bibeltext. Själv ansåg jag tidigt att man kanske ska kalla saker vid dess rätta namn och t.ex. kalla predikan för predikan (man kan väl vara ödmjuk ändå?).

När jag nu omkring 45 år senare sitter vid datorn och funderar och skriver, slår det mig att det fanns en poäng i att tala om sig själv som ett "Herrens vittne" och att i vokabulären och möteskulturen lyfta fram vittnesbördet.

Vad sa Jesus i sina sista ord innan himmelsfärden?

"[8]Men när den helige Ande kommer över er, då skall ni få kraft, och ni skall bli mina vittnen både i Jerusalem och hela Judeen och Samarien och ända till världens ände." (Apg 1:8 – Giertz)

När man sen insåg behovet av en efterträdare till Judas Iskariot, så handlade det om någon som kunde vara ett vittne om Jesu uppståndelse. "[21]Därför bör nu en av de män som har vandrat med oss under hela den tid då

Herren Jesus gick in och ut ibland oss, [22]ända från det han döptes av Johannes fram till den dag då han blev upptagen från oss - en av dem bör få uppdraget att tillsammans med oss vittna om hans uppståndelse." (Apg 1:21f - Giertz)

Och även om en av apostlarnas huvuduppgifter var att vara vittnen om Jesu uppståndelse, så är uppdraget att vara ett vittne något allmängiltigt för varje kristen. Det är till det uppdraget vi blir döpta i den helige Ande, och uppdraget sträcker sig från den plats där vi finns och så långt i världen vi än kan hamna.

Vad är ett vittne? Det är en som intygar något, berättar sanningen om något. Vi talar om ögonvittnen till olika händelser. Det grekiska ordet för vittne är "martus" eller "martur", dvs det ord vi har i martyr, en som får lida döden för sin tro och sina ord och handlingar. Vi talar ibland om martyrer som "blodsvittnen", och även om den färgningen av ordet bara är en nyans, så kan det vara nyttigt att ha med den.

För Stefanus blev begreppet "Herrens vittne" färgat blodrött. Det var han som var anställd i församlingen som praktisk administratör för fördelningen av mat till behövande församlingsmedlemmar men som på fritiden vittnade om Jesus, så att inga motståndare kunde besegra honom med ord eller argument.

"[10]Men ingen av dem kunde stå emot Stefanos visa och andefyllda argument.

[11]Därför kom de överens med några män om att de skulle ljuga och påstå att de hört Stefanos förbanna Mose och till och med Gud.

[12]Denna anklagelse mot Stefanos gjorde folkmassan rasande, och de judiska ledarna grep honom och förde honom inför rådet. [13]Vittnena fortsatte ljuga och påstod

84

än en gång att Stefanos ofta hade angripit templet och Moses lagar. [14]"Vi har själva hört honom säga att den där Jesus från Nasaret ska förstöra templet och upphäva alla Moses lagar", påstod de. [15]I samma ögonblick kunde alla i rådssalen som hade ögonen på Stefanos se att hans ansikte lyste som en ängels!" (Kap 6 – Boken) Stefanus väljer inte att tona ner de svåra frågorna för fridens skull eller för sin egen säkerhet. Han har för länge sen valt att vara ett sant Herrens vittne.

"[51]Ni hårdnackade med era oomskurna hjärtan och öron, alltid står ni emot den helige Ande, ni som era fäder! [52]Säg mig en profet som inte era fäder förföljde! De dräpte dem som i förväg förkunnade att den Rättfärdige skulle komma, och nu är det ni som har förrått honom och blivit hans mördare — [53]ni som fått lagen ur änglarnas hand men inte har hållit den! [54]När de hörde de orden blev de rasande och skar tänder av vrede. [55]Men han såg upp mot himmelen, fylld av den helige Ande, och fick se Guds härlighet och Jesus som stod på Guds högra sida, [56]och han sade: Jag ser himmelen öppen och Människosonen som står på Guds högra sida. [57]Då larmade de och skrek och höll för öronen. Som en man stormade de fram mot honom, [58]släpade honom med sig ut ur staden och stenade honom. Men vittnena lade av sig sina mantlar framför fötterna på en ung man som hette Saulus. [59]Så stenade de Stefanus medan han bad och sade: Herre Jesus, tag emot min ande. [60]Sen föll han på knä och ropade med hög röst: Herre, tillräkna dem inte denna synd! **8** :1 Med de orden dog han. Men Saulus gillade att man hade tagit livet av honom. (Apg 7:51-8:1 - Giertz)

Ovanstående berättelse är som en ond och oerhört avlägsen verklighet för oss i vårt land. Ändå är sanningen den, att det i dag är fler blodsvittnen för Jesu skull i världen än det nånsin har varit.

Nedanstående rader är kopierade från tidningen Världen I dag:

"Minst 70 000 kristna dödade 2013"
Minst 70 000 kristna har dödats på grund av sin tro under 2013. Detta enligt den italienske sociologen Massimo Introvigne vid organisationen Observatorium för religionsfrihet.

Antalet kristna som dött för sin tro har sjunkit under 2013 jämfört med året innan, men antalet uppgår ändå till någonstans mellan 70 000 och 80 000. Det säger Massimo Introvigne i en intervju i Vatikanradion. "
(Världen i dag 30 dec 2013)

I artikeln nämns Nordkorea, Nigeria och Pakistan som de värsta länderna för lokala kristna.

Hur är det med"Vägens folk" i Sverige några år in på 2000-talet? Var finns Jesu vittnen, och hur har de det? Är det förenat med livsfara, hot eller straff att berätta om Jesus och det kristna livet? Blir man mobbad och utstött av omgivningen, om man är en vittnande kristen?

Det finns ett par enskilda frågor i den kristna livsstilen där man omedelbart blir stämplad av media och omgivningen: Det är om man är negativ till utlevd homosexualitet och anser det synd. Och det är om man som barnmorska eller läkare av samvetskäl inte utför abort.

86

Men det kristna vittnesbördet är ju inte i första hand om nej till homosexualitet eller till abort. Det handlar om Jesus Kristus och det kristna livet och om Bibelns budskap om synd och nåd, fördömelse och frälsning. I hur hög grad är vi pastorer och församlingsledare och aktiva församlingsmedlemmar Jesu vittnen? Finns Jesus och Hans Rike och budskap på stan och på arbetsplatserna och i bostadsområdena? Och finns vittnesbördet, den egna berättelsen, som inslag i gudstjänster och samlingar och närradioprogram och tidningar och flygblad?

Det finns lysande exempel i vårt land – Jesusmanifestationer, cafébussar, evangelisationsfartyg och mycket annat. Tack, gode Gud, för det! Och det är härligt med alla fina TV-gudstjänster och med kristna TV-kanalen Kanal 10! Men var finns Jesu vittnen i alla "vanliga" städer och samhällen och kyrkor och församlingar? Var finns händerna som räcker över de förträffliga evangelisationstidningarna och böckerna och cd-skivorna? Var finns de lysande ansiktena och de ivriga orden om Jesus?

Jag är mycket medveten om, att när jag med "pekfingervalsen" på datorns tangentbord med två fingrar pekar på dig, min läsare, och på kyrkan i Sverige, så pekar alla de andra fingrarna på mig själv!

- -

Stefanus

Ännu en av nasaréns lärjungar,
alltför lik sin mästare,
det är svårt att se på hans ansikte
och svårt att låta bli.
Hans gärningar och ord
har vi inga medel mot
i Stora rådet.
Vi försöker med stenar
den här gången,
men kommer det att hjälpa...?

(Ingvar Holmberg 1998)

Samtalsfrågor
1 Skulle ni vilja att det var mer av livsberättelser, vittnesbörd i gudstjänster och samlingar i kyrkan?

2 Skulle ni själva vilja / våga berätta någon andlig upplevelse eller er egen livsberättelse?

3 Är det svårt eller lätt att berätta om bönesvar eller andliga upplevelser för dem som ännu inte tror på Jesus?

4 Hur kan vi bli bättre på att berätta om Jesus och viktiga, andliga erfarenheter?

8 Apostlagärningarnas evangelisation

I Apostlagärningarnas sjätte och sjunde kapitel och in i början av det åttonde handlar det om blodsvittnet Stefanus och hans martyrdöd.

"[2]Den dagen bröt det ut en häftig förföljelse mot församlingen i Jerusalem. Alla spriddes ut över landsbygden i Judeen och Samarien, utom apostlarna. [3]Några fromma män begravde dock Stefanus och höll en stor dödsklagan över honom. Saulus däremot försökte förinta församlingen. Han gick ur hus i hus och släpade ut både män och kvinnor och skickade dem i fängelse." (Apg 8 – Giertz)

När församlingen skingras och de kristna sprids från Jerusalem ut över landsbygden i Judeen och Samarien, är det då en ny era för församlingen i Jerusalem? Jag gjorde i ett tidigare kapitel ett hypotetiskt antagande, att församlingen i Jerusalem kanske delvis var ett tillfälligt konferenscenter, en träningsskola för alla dem som egentligen kom från andra håll men som stannat i Jerusalem i samband med Pingstdagen och väckelsen då. Är det kanske så, att genom förföljelsen så startar den utflyttning och tillbakaflyttning som är nödvändig för att evangeliet ska spridas ut över jorden?

Någon har sagt att "martyrernas blod är kyrkans utsäde". Det verkar ju faktiskt som om Gud tar det sataniska angreppet på Stefanus och församlingen i sin hand och vänder det till en seger för Guds Rike.

"[4]De som blivit skingrade drog nu omkring och förkunnade evangelium. [5]Filippus kom ned till en stad i Samarien och predikade Kristus för folket där. [6]När de hörde honom och såg de tecken han gjorde, slöt de upp som en man och lyssnade i stora skaror till det som Filippus hade att säga. [7]Många av dem var besatta av onda andar som for ut under höga skrik, och många lama och lytta blev botade. [8]Det blev stor glädje i den staden.

... [12]Men nu, när de satte tro till Filippus som predikade evangelium om Guds rike och om Jesu Kristi namn, blev de döpta, både kvinnor och män." (Apg 8 – Giertz)

"[4]De som blivit skingrade drog nu omkring och förkunnade evangelium." Apostlarna var kvar i Jerusalem, och nu började ett spridande av evangeliet genom vanliga kristna, genom lekmännen. Det verkar inte som om de tyckte synd om sig själva eller kände sig kränkta, utan de förkunnade evangeliet där de drog omkring. Filippus, som kom till Samarien och fick se stor framgång för evangeliet – frälsning, helande, befrielse och dop i vatten – han var ju en av dessa lekmannaevangelister i början.

De tolv apostlarna, som tillsammans med andra hade fått missionsbefallningen av Jesus, var kvar i Jerusalem, och det var på ett sätt märkligt. Å andra sidan gör det här klart för oss att evangelisationen och spridandet av Jesu budskap och kraft, det är hela församlingens uppgift. Petrus och de andra apostlarna kom också att fortsätta med den andefyllda evangelisation som de hade hållit på med i Jerusalem hela tiden, men det hängde inte bara på dem.

Det är en tragedi att en del pastorer och andliga ledare mer sysslar med planer och strategier och organisation än med kontakt med människor som behöver frälsas. Guds tanke är att pastorer och ledare och alla andra ska syssla med detta som en del av sin tro och passion.

Det är en inspiration att möta människor, som trots stora åtaganden med arbete och familj och församlingsengagemang ändå hinner leva ett evangeliserande liv. Gideoniterna – lekmannagruppen som sprider biblar på fängelser, hotell, sjukhus och skolor – är ett exempel på det. Alla de Full Gospel Business Men från USA, som jag mötte på 1960-och 70-talen, var också underbara exempel på människor som levde i passionen för att vinna människor för Gud.

Det finns en spännande fortsättning av spridandet av de kristna efter förföljelsen i samband med Stefanus död. Vi går fram till kapitel 11.

"19 De som hade skingrats genom förföljelsen som började med Stefanus kom ända till Fenicien, Cypern och Antiokia, och de förkunnade ordet endast för judar. 20 Men bland dem fanns några från Cypern och Kyrene, och när de kom till Antiokia började de tala även till grekerna och förkunna evangeliet om Herren Jesus. 21 Och Herrens hand var med dem, och ett stort antal kom till tro och omvände sig till Herren. " (SFB 2015)

Evangeliet har än så länge mest spritts bland judarna, men i gruppen av förföljda kristna finns det många som är från de olika trakterna av Medelhavet, där man är van att prata grekiska och umgås med alla möjliga människor och inte bara med judar. För dem är det naturligt att prata om Jesus med vem de än träffar, och på så sätt blir det i Antiokia en växande församling, där judar och hedningar finns sida vid sida. Och så bildas en ny "mönsterförsamling", som ju kanske är ännu mer sant kristen än församlingen i Jerusalem, och som vi kommer att studera närmare i den här boken lite längre fram.

Evangeliets framgång och tillväxt beror mer på kontaktytor, beröring och gemenskap än något annat. Den kände missionären och församlingstillväxtexperten Donald McGavran skriver i sina böcker, att evangeliet ofta går fram i fattiga områden i olika missionsländer, där de nyomvända – också de som är utan mycket kristen undervisning – vinner många nya människor för Gud. En orsak är helt enkelt att de lever nära sina släktingar och vänner i ömsesidigt beroende. Där människor lever mer isolerade från andra, för man klarar sig själv, där går evangeliet fram långsammare. Evangeliet behöver ledningar i form av människor med tät kontakt med andra. Där går Guds Rike fram.

Både pastorer och andra kristna i Västeuropa och Sverige lever ju också mitt i verkligheten. Vi har alla våra kontaktytor med icke-kristna människor. I dag är inte vårt umgänge begränsat till församlingen. Vi tränar, spelar golf, går på diverse kurser och är med på allt möjligt utanför församlingen, sånt som var otänkbart för några årtionden sen. Jag tror det är sunt och bra, men ändå har jag en fråga: På vilket sätt umgås vi med människor i alla dessa sammanhang? Är vi tydliga, vittnande kristna, eller "städar vi undan" allt kristet i vårt liv och personlighet under de timmarna och i de sammanhangen?
Vi behöver nog inte vara aggressiva kristna för att vara tydliga kristna. Kanske ska vi i stället för att berätta om vad det var för aktiviteter i kyrkan berätta om något vi

hörde eller såg, som gjorde intryck på oss. När vi öppnar vårt hjärta för människor lyssnar de. Och när våra olika bekanta berättar om sina krämpor och sjukdomar, är det kanske läge att inte bara erbjuda sympati utan erbjuda förbön. Och om de tackar "ja", kan vi väl fråga om det går bra att be liten bön diskret "här och nu".

Bästa metoden och redskapet för evangelisation i vår tid är nog exakt som på Apostlagärningarnas tid **människor** – trygga, glada människor som är tydliga utan att vara påträngande.

Den lågmälde, men andefyllde missionspastorn Karl Midnäs arbetade många år i den kristna Ashramrörelsen, där jag också medverkade av och till under ganska många år. I samband med förbönsgudstjänster, då vi inbjöd människor att komma, sa han ofta: "Kom ihåg, att vi som ber för er och lägger händerna på er, vi är bara 'förlängningssladdar'." Jag skulle vilja använda den bilden på vårt arbete att vinna människor för Jesus. Det räcker att vi är "förlängningssladdar" för Jesus och den helige Ande. Om vi då är nära människor, så kommer det att hända mycket. Kanske vi under årens lopp har lindat alltför mycket "isoleringstejp" om oss och vår kontakter med våra medmänniskor.

Törstväckare

Endast en är Törstsläckaren,
men jag kan vara törstväckaren.
Endast Han stillar längtan,
men jag kan få väcka den,
låsa upp längtans rum hos andra
genom min egen desperata törst.

Här marknadsförs många törstsläckare;
den ena reklamen avlöser den andra.

Tillverkaren av Livets Vatten
anställer törstväckare,
söker dem vars törst är så äkta och desperat,
att andra en efter en ställer ifrån sig Coke och Pepsi
och Johnny Walker och Absolut
och börjar törstens riskabla, saliga vandring.

Ännu står det någon kvar mitt i folkhopen,
någon som kallar:
"Är någon törstig, så kom till mig och drick!"

Än behövs det törstväckare.

(Ingvar Holmberg 1996)

Samtalsfrågor

1 Berätta kort för varandra om någon ni känner som är
ett föredöme i fråga om evangelisation

2 Vad för slags evangelisation skulle ni vilja vara en del
av? Berätta för varann!

9 Rörliga församlingsmedlemmar och apostlar

I Apostlagärningarnas nionde kapitel möter vi de två kanske viktigaste ledarna i den tidens kristna kyrka, nämligen Petrus och Paulus – den ledande av apostlarna och den stränge fariséen som sedan blev hedningarnas apostel. Scenen för kapitlets början är Damaskus, huvudstaden i den romerska provinsen Syrien och den närmaste större staden utanför Palestina. Avståndet från Jerusalem var cirka 24 mil, dvs fyra till sex dagars resa på den tiden. Det fanns en ganska stor judisk befolkning i Damaskus enligt New International Version Study Bible. Samma bok säger också (min egen översättning): "Damaskus representerade mycket mer för Saulus, den stränge fariséen, än ännu en hållplats på hans förföljelsekampanj. Det var navet i ett stort handelsnätverk av karavanvägar in i norra Syrien, Mesopotamien, Anatolien, Persien och Arabien. Om den nya "Vägen" (kristendomen) blomstrade i Damaskus, så skulle den snabbt nå alla dessa platser. Från Stora Rådets och ärkeförföljaren Saulus synpunkt måste "Vägen" stoppas i Damaskus."

"Saulus som alltjämt andades hot och mordlust mot Herrens lärjungar, sökte upp översteprästen [2]och utverkade av honom skrivelser till synagogorna i Damaskus med fullmakt att föra både män och kvinnor bundna till Jerusalem, ifall han träffade på några som var av "den vägen". [3]Under resan hände det nu att de närmade sig

95

Damaskus. Då lyste plötsligt ett bländande sken från himmelen omkring honom. [4]Han störtade till marken och hörde en röst som sade: Saul, Saul, varför förföljer du mig? [5]Han frågade: Vem är du, Herre? och fick till svar: Jag är Jesus, den som du förföljer. [6]Men res dig nu och gå in i staden. Där skall du få veta, vad du har att göra. [7]Männen som färdades i hans sällskap stod mållösa. De hörde ljudet men kunde inte se någon. [8]Saulus reste sig från marken, men när han öppnade sina ögon kunde han ingenting se. Man fick ta honom vid handen och leda honom in i Damaskus. [9]Tre dagar gick utan att han kunde se, och han varken åt eller drack." (Apg kap 9 – Giertz)

När vi sen i det här kapitlet ser Saulus förvandling till en brinnande kristen möter vi en av den tidens rörliga kristna – Ananias, som bara kallas "en lärjunge". Han är en av förmodligen ganska många kristna judar i Damaskus. Hade han och de andra mött Jesusbudskapet och dopet och andeuppfyllelsen på Pingstdagen, kanske? Hade de sen efter bara en tid återvänt till Damaskus och blivit ett irritationsmoment i synagogorna med sin nya tro, kanske? Det måste ha funnits en ganska stor grupp av "Vägens folk" i Damaskus, eftersom Saulus gjorde sig besväret att resa dit med fullmakten från de judiska ledarna. "[10]I Damaskus bodde en lärjunge som hette Ananias. I en syn sade Herren till honom: Ananias! Han svarade: Här är jag, Herre! [11]Då sade Herren till honom: Stig upp och gå till den gatan som kallas den raka och fråga i Judas hus efter en man från Tarsus som heter Saulus.

Han ber, [12]och i en syn har han sett en man med namnet Ananias komma in och lägga händerna på honom för att han skall få sin syn tillbaka. [13]Men Ananias svarade: Herre, jag har hört så många berätta om den mannen, hur mycket ont han har gjort mot dina heliga i Jerusalem. [14]Och nu är han här med fullmakt från översteprästerna att fängsla alla som åkallar ditt namn. [15]Då sade Herren: Gå! Den mannen är ett utvalt redskap åt mig. Han skall bära fram mitt namn inför folk och kungar och inför Israels barn, [16]och jag skall visa honom hur mycket han måste lida för mitt namns skull. [17]Då gick Ananias bort och trädde in i huset, lade händerna på honom och sade: Saul, broder, Herren har sänt mig, Jesus, han som visade sig för dig på vägen hit. Han vill att du skall få din syn och bli fylld av helig Ande. [18]Och genast föll det som fjäll från hans ögon och han kunde se. Han steg upp och lät sig döpas, [19]tog till sig föda och fick nya krafter. Sedan stannade han en tid hos lärjungarna i Damaskus." (kap 9 – Giertz)

Ananias är en av den tidens rörliga lärjungar. Han låter sitt tänkande förändras vad gäller den fruktade Saulus och går till honom på Herrens maning. Så möter han Saulus med vänskap och med Guds kraft, när han lägger händerna på honom och uttalar helande och välsignande ord. Och Saulus får sin syn igen och blir fylld med Anden och blir omedelbart döpt (av Ananias med största sannolikhet).

När den store missionären, teologen, apologeten (försvarare av tron) och författaren Paulus hjälps in i Guds Rike, är det inte av en av apostlarna utan av "en lärjunge" som över huvud taget i Nya Testamentet bara

97

nämns i samband med Paulus omvändelse och inget annat. Det stärker och illustrerar tanken om att alla kristna är "kungar och präster" (1 Petr 2:9). Vi kallar det på teologiskt språk för det allmänna prästadömet. Det är ytterst Gud som verkar, frälser, kallar och utrustar, och vilken kristen som helst kan få vara "förlängningssladden" som förmedlar den gudomliga energin. Rörliga församlingsmedlemmar, som kan ta in ny vägledning och nytt andligt ljus och som kan flytta sig för att gå Guds ärenden, det är en viktig del av Apostlagärningarnas kristendom i dag. Kristna familjer som flyttar från större församlingar till orter med få kristna är efterföljare i den andan. De skapar nya nätverk både med kristna, som får nytt hopp och ny inspiration, men också med grannar, arbetskamrater och med föräldrar till sina barns nya lekkamrater. Och så växer Vägens folk.

Saulus, som vi oftast kallar Paulus, är ju ännu inte någon "hedningarnas apostel" utan bara en nyomvänd och mycket ivrig lärjunge till Jesus. Han börjar genast predika budskapet om Jesus, samme Jesus som han så ivrigt har motarbetat alldeles nyss. Vi återvänder till bibeltexten i nionde kapitlet.

"Sedan stannade han en tid hos lärjungarna i Damaskus.
20Där började han genast predika om Jesus i synagogorna och sade att han var Guds Son. 21Alla som hörde det häpnade och sade: Var det inte han som i Jerusalem ville utrota alla som åkallade det namnet? Kom han inte hit för att fängsla dem och föra dem till

översteprästerna? [22]Men Saulus fick allt mera kraft och gjorde judarna i Damaskus svarslösa, när han lade fram bevisen för att Jesus är Messias." (Giertz)

Enligt bibelkommentarerna verkar det som om Paulus lämnar Damaskus och vistas i Arabien under större delen av tre år (Jfr Gal 1:17-18), innan han sen kommer tillbaka till Damaskus och sen också gör ett kort besök hos ledarna i Jerusalem. Arabiens gränstrakter gick faktiskt mer eller mindre fram till Damaskus, men var i Arabien Paulus uppehöll sig och vad han konkret gjorde, vet vi inte. Hans omvändelse brukar dateras till början av år 34 e Kr. Samma kronologi sätter Jesu död och uppståndelse till år 30 och Stefanus martyrdöd till år 33.
Paulus kommer i alla fall tillbaka till Damaskus som en ivrig förkunnare av evangeliet. Vi låter Apg 9 berätta vidare för oss.

"[23]När det gått en tämligen lång tid gjorde judarna upp planer på att röja honom ur vägen, [24]men Saulus fick reda på deras avsikt. De till och med bevakade stadsportarna, både dag och natt, för att kunna döda honom. [25]Men en natt tog lärjungarna och firade ned honom längs stadsmuren i en flätad korg. [26]När han så kom till Jerusalem, försökte han närma sig lärjungarna, men alla var rädda för honom och ville inte tro att han var någon lärjunge. [27]Då tog sig Barnabas an honom och förde honom till apostlarna och berättade för dem hur han hade sett Herren på vägen och vad Herren hade sagt honom och hur han i Damaskus hade uppträtt med stor frimodighet i Jesu namn. [28]Sedan kunde han gå in och ut bland dem i Jerusalem. ²⁹Med de grekisktalande judarna förde han samtal och diskussioner och uppträdde frimodigt i Herrens namn, men de gjorde upp planer på att röja honom ur vägen. ³⁰När bröderna fick reda på det, förde de honom ned till Cesarea och sände honom vidare till Tarsus." (Giertz)

Här lämnar vi Paulus för den här gången – en rörlig församlingsmedlem på väg in i sin stora livsuppgift som hedningarnas apostel.

Rubriken på det här kapitlet talar om rörliga apostlar, och resten av kapitel nio i Apostlagärningarna handlar om Petrus i rörelse mellan olika platser i en tid då det verkar vara ganska lugnt i landet, åtminstone utanför Jerusalem.

"³¹Kyrkan hade nu fått fred i hela Judeen och Galileen och Samarien. Den byggdes upp och levde i Herrens fruktan och växte till genom den helige Andes tröst och förmaning.

³²När nu Petrus drog omkring från den ena orten till den andra, kom han också ned till de heliga i Lydda. ³³Där träffade han på en man som hette Eneas och som i åtta år hade legat förlamad på sin bädd. ³⁴Då sade Petrus till honom: Eneas, Jesus Kristus botar dig. Stig upp och gör din bädd i ordning. Och genast reste han på sig. ³⁵Allt folket i Lydda och Saron såg honom och omvände sig till Herren.

³⁶I Joppe fanns en lärjunge, en kvinna som hette Tabita (det är samma namn som Dorkas och betyder "gasellen"). Hon gjorde mycket gott och tänkte på de fattiga. ³⁷Men just i de dagarna blev hon sjuk och dog.

Man tvådde henne och lade henne i ett rum i övervåningen. [38]Eftersom Lydda ligger nära Joppe och lärjungarna hade hört att Petrus var där, skickade de två män till honom och bad: Skynda dig och kom över till oss. [39]Då gjorde Petrus sig i ordning och gick med dem. När han kom fram förde man honom uppför trappan, och alla änkorna kom fram och grät och visade honom livklädnader och mantlar som Dorkas hade sytt när hon ännu levde bland dem. [40]Då visade Petrus ut dem allesammans och böjde knä i bön. Sen vände han sig till den döda och sade: Tabita, res dig upp. Då öppnade hon ögonen, och när hon fick se honom satte hon sig upp. [41]Han gav henne sin hand och hjälpte henne att resa på sig. Sen kallade han in de heliga och änkorna och lät dem se att hon stod där livs levande. [42]Det blev känt i hela Joppe och många kom till tro på Herren. [43]Sen bodde han en längre tid i Joppe hos en viss Simon som var garvare." (kap 9 – Giertz)

Församlingsledaren och aposteln Petrus var i rörelse till olika platser och nya människor och uppgifter och upplevelser. Han hade varken kontor eller kyrka – det som långsamt men säkert upptar alltmer av den moderna pastorns tid och liv. Lydda och Joppe som nämns här var städer med en blandad befolkning, där det bodde ganska många ickejudar. Två fantastiska under fick han vara med om, och sen hamnade han under en tid hos garvaren Simon i Joppe. Garvaren Simon var inte ståuppkomiker (ursäkta skämtet!), utan han sysslade i sitt yrke med att bereda skinn och rörde alltså ofta vid döda djur. Detta gjorde honom oren för fromma judar, och en rabbin skulle nog aldrig vistas i en garvares hus. Steg för steg bereddes Petrus på den här resan för sitt banbrytande möte med en stor grupp ickejudar / hedningar, när evangeliet sen kom till den romerske officeren Kornelius och hans närmaste.

I alla tre gudsingripandena i kapitel 9 – vi räknar in Ananias hos den blinde och bedjande Saulus – finns den utlösande faktorn av att inte bara be Gud hela en person, utan att också tala till personen, till situationen och agera i Jesu namn. Jag är övertygad om att vi måste återerövra den delen av vår tjänst för Gud. Det är i de flesta fall när vi tar trossteget och handlar, som undret sker.

Rörliga församlingsmedlemmar och församlingsledare – endast så följer vi i fotspåren på Apostlagärningarnas kristendom.

Följ mig

Är du redo att följa hans ryggtavla strax,
då han säger "Följ mig!" och går?
Är du redo att släppa din filofax,
när han säger "kom, för nu är det dags.
Nu ska vi sprida Guds Rike och Pax.
Nu ska vi sprida Guds kärleks vår"?

Är du redo för ett maratonlopp
genom livet - att ge, inte få?
Vill du bli hans lärjunge och passopp
för att sprida kärlek, tro och hopp,
för att vara en del av Kristi kropp?
Bra, och nu vill jag att du hör på::

Gör dig då redo att se hans anletsdrag,
när ni går där tillsammans i bredd.
Gör dig då redo att genast, i dag
ha honom hemma hos dig ett slag,
bland dina vänner, ditt arbetslag.
Det passar bra, så var inte rädd.

Den som ger ska få, så sant är det sagt,
den som tjänar är verkligen fri.
Det som vi vid Herrens fötter har lagt,
blir förvandlat och rent av hans stora makt,
får glans av hans egen Kristusprakt,
för nu finns han här inuti.

Jag är redo att följa hans ryggtavla strax,
då han säger "Följ mig!" och går.
Jag är redo att släppa min filofax,

när han säger "kom, för nu är det dags.
Nu ska vi sprida Guds Rike och Pax.
Nu ska vi sprida Guds kärleks vår".

Matteus' ev. 9:9ff /Ingvar Holmberg 2003/

Samtalsfrågor

1 Samtala om "strategisk flyttning" - att flytta någon annanstans för att göra något för Gud! Känner du någon som har gjort det? Skulle du kunna tänka dig att göra det? Vart i så fall?

2 Hur skulle vi kunna vara "rörliga kristna", även om vi inte flyttar någon annan stans?

10 Bönens och handlingens människor

Det är lätt att vi delar upp kristna i två kategorier – de som ber och de som agerar eller evangeliserar. Allra vanligast är kanske schablonen "Vi gamla ber, och ni unga evangeliserar". Mer och mer blir jag övertygad om att det är en förenkling som sällan stämmer. I och för sig är det fantastiskt att man kan fortsätta att be och utöva förbön så länge man kan andas. Man kan alltså så länge man lever utföra det viktigaste kristna arbetet, om man tar Paulus ord på allvar om bönen som det första och viktigaste.

"1 Först av allt uppmanar jag till bön, åkallan, förbön och tacksägelse för alla människor, 2 för kungar och alla i ledande ställning, så att vi kan leva ett lugnt och stilla liv, på alla sätt gudfruktigt och värdigt. 3 Detta är gott och rätt inför Gud, vår Frälsare, 4 som vill att alla människor ska bli frälsta och komma till insikt om sanningen. " (1 Tim 2 – SFB 2015)
Ändå är min fasta övertygelse den, att både yngre och äldre i en och samma person samtidigt ska vara både bönens och handlingens människor. Enligt min mening är Apostlagärningarnas tionde kapitel en lysande undervisning om detta.

Handlingsmänniskan Petrus var tydligen en stark bedjare också. I Apostlagärningarna kapitel sex har vi redan sett, hur man tillsatte de sju "diakonerna" eller praktiska medhjälparna för att hålla i organisationen av utdelningen av mat till de behövande i församlingen. De viktiga motivationen från Petrus och de andra

105

apostlarna var: "Det är inte bra om vi försummar Guds ord för att göra tjänst vid borden. 3 Nej, bröder, utse sju män bland er som har gott anseende och är fyllda av Ande och vishet, så ger vi dem den uppgiften. 4 Själva ska vi ägna oss åt bönen och åt ordets tjänst." (SFB 2015)

Att ägna sig åt "bönen och åt ordets tjänst" är alltså en huvuduppgift för församlingens andliga ledare. Antagligen är de flesta pastorer i vårt land och kristna över huvudtaget i teorin överens om att det ska vara så. Sen är ju frågan, hur enkelt det är att förverkliga det här. Mitt intryck är att församlingsstyrelser och aktiva medlemmar är beredda att gå in och avlasta och stötta ett sånt beslut hos pastorerna, om dessa i sin tur visar att det verkligen är på det viset. Först och sist är det vi andliga ledare, som själva måste inrätta våra liv efter våra övertygelser. Om pastorerna i predikningar och måldokument för församlingen betonar hur viktig bönen är i församlingen, men om de inte själva i praktiken visar detta genom att i stort och smått visa sig som de ledande i bönen på alla nivåer, då blir det svårt med trovärdigheten. Det är ingen vettig människa som betvivlar att pastorer har fullt upp att göra. Men om detta "fullt upp att göra" leder till att pastorn ibland eller ofta eller nästan alltid (hemska tanke – så kan det väl inte vara någonstans i frikyrkosverige?) uteblir från bönemöten i kyrkan eller cellgrupper i hemmen, då kan det bli svårt att tro, att samma pastor prioriterar bönen i sitt eget liv eller älskar bönen. Om man älskar bönen själv, brukar det visa sig i ens eget deltagande i bön tillsammans med andra. Man kan, förstås, inte så noga veta, hur andra har det. Men vi vet, hur vi själva lever eller inte lever ett bönens liv.

Det som kallas Parkinsons lag gäller också kontor och administration i kyrkor och församlingar. Två citat: "Parkinsons lag är ett tänkespråk, som kan formuleras på följande sätt: "En arbetsuppgift kommer att ta exakt den tid som är avsatt för ändamålet." (ur Northcote Parkinsons bok 1957) "Parkinsons kända lag säger att arbetet expanderar för att fylla ut den tid som finns tillgänglig. Eller som det hette i professor Parkinsons första lagbok: hur sju personer kan fås att göra en persons arbete." Jag tror pastorer och församlingsledare gör sitt bästa för att vara så effektiva som möjligt och för att hinna med både det andliga och det administrativa. Det är bara viktigt att veta, att det viktiga lätt kan komma i vägen för det viktigaste. Det är lätt att fastna i kontorsstolen eller sammanträdena och säga till sig själv "Jag får offra bönesamlingen den här gången".

Jag hedrar alla våra aktiva pastorer som är föredömen i bönen trots många andra plikter. Och jag, som i brist på pastorsseminarium fick snegla på andra och lära mig av dem omkring mig, tackar Gud för min förste församlingsföreståndare och handledare Georg Johansson som tog mig under sina vingar i Pingstförsamlingen i Gävle 1968. Han var evangelist och församlingsstrateg och "evangelistpappa" och också en bedjare. Han lärde mig respekten för bönen och dem som är försänkta i bön. Någon gång, när han behövde min uppmärksamhet i ett bönemöte sa han: "Ursäkta, att jag stör dig, när du talar med en så uppsatt Person, men..." Han gav sin egen praktiska riktlinje för hur det skulle vara, när man hade en bönedag: "Då ser jag till att jag är på knä i två timmar under den dagen".

107

Vad får ungdomsledare och ungdomspastorer i dag för inspiration och riktlinjer från de ansvariga ledarna i församlingen? Jag tror att det oftast är bra impulser och föredömen att följa, men detta går inte av sig själv. Att prioritera bönen är en ständig kamp man har med sig själv. På senare tid har jag själv insett, att något av det bästa med att vara till största delen pensionär, är lyxen att ha tid för bön och egen andakt.

Petrus verkade ha kunnat fortsätta med det här sättet att leva som en äkta bönemänniska också efter den där hektiska första tiden i Jerusalem, då massor av nya människor kom till församlingen hela tiden, och antalet ständigt växte av dem som valde att leva i egendomsgemenskap och som stod i behov av organiserad hjälp. Nu hade det gått några år, och Petrus befann sig på den här predikoresan och var i Joppe vid Medelhavet som gäst i garvaren Simons hus. Honom ovetande hade Gud genom en ängel talat till den sökande och gudslängtande Kornelius i Cesarea dagen innan. Bland annat fick han instruktionen: " [5,6]Skicka nu några män till Joppe för att hämta en man som heter Simon Petrus och som bor hos garvaren Simon nere vid stranden." [7]Så snart ängeln hade försvunnit, kallade Cornelius på två av sina tjänare och en from soldat, som var en av hans personliga livvakter. [8]Han berättade för dem vad som hänt och skickade iväg dem till Joppe." (Apg kap 10 – Boken).

Gud hade förberett frälsningen för Kornelius och hans närmaste, och då var det dags för bönens och handlingens människor att finnas med. Nu låter vi bibeltexten fortsätta att berätta för oss:

"9,10Nästa dag när de närmade sig staden, gick Petrus upp på husets takterrass för att be. Det var mitt på dagen och han var hungrig och väntade på att få något att äta, men plötsligt fick han se en syn och blev helt tagen av den. 11Han såg himlen öppnas, och något som såg ut som en stor segelduk upphängd i sina fyra hörn och som sänktes ner till marken. 12I duken fanns alla sorters djur, ormar och fåglar som alla var förbjudna för judarna att äta.

13Sedan sa en röst till honom: "Slakta djuren och ät!"

14"Aldrig Herre", svarade Petrus, "jag har aldrig i hela mitt liv ätit sådana djur, för de är förbjudna i vår judiska lag."

15Rösten talade igen: "Säg inte emot Gud. Om han säger att något är rent, så är det rent."

16Samma syn upprepades tre gånger. Sedan drogs duken upp till himlen. 17Petrus blev mycket förvirrad. Vad kunde synen betyda? Vad skulle han göra?

Just då hade männen som sänts ut av Cornelius hittat huset och stod utanför porten, 18och de frågade om det var där som Simon Petrus bodde.

19Under tiden, medan Petrus ännu var omtumlad av synen, sa den helige Ande till honom: "Tre män har kommit för att träffa dig. 20Gå ner och ta emot dem och följ med dem. Var inte orolig, för jag har sänt dem."

21Då gick Petrus ner. "Jag är mannen ni söker", sa han. "Vad är det ni vill?"

22Då berättade de för honom om den romerske officeren Cornelius: "Han är en god och from man och mycket omtyckt av judarna. Nu har en ängel sagt till

honom att skicka efter dig för att du ska låta honom veta vad Gud vill att han ska göra."
²³Petrus bjöd in dem och gav dem logi över natten. Dagen därpå följde han med dem, och även några andra troende från Joppe följde med. ²⁴Nästa dag kom de fram till Caesarea, där Cornelius väntade på honom. Han hade samlat alla sina släktingar och närmaste vänner för att de skulle få träffa Petrus. ²⁵När Petrus steg in i huset föll Cornelius bävande på knä framför honom och tillbad honom. ²⁶Men Petrus sa: "Res dig upp! Jag är inte någon gud!" ²⁷Då reste han sig och de samtalade med varandra en stund, och sedan gick de in i rummet där de andra hade samlats.

²⁸Petrus sa till dem: "Ni vet att det är emot den judiska lagen att jag går in i ett icke-judiskt hem på det här viset. Men Gud har genom en uppenbarelse lärt mig att jag aldrig ska nedvärdera någon människa. ²⁹Därför kom jag så snart ni skickade efter mig. Säg mig nu vad det är ni vill."

³⁰Cornelius svarade: "För fyra dagar sedan bad jag som vanligt just så här dags på eftermiddagen då plötsligt en man klädd i skinande kläder stod framför mig. ³¹Han sa till mig: 'Cornelius, dina böner har blivit hörda och Gud kommer ihåg hur generös du varit. ³²Skicka nu några män till Joppe och kalla hit Simon Petrus, som bor i garvaren Simons hus nere vid stranden.' ³³Därför skickade jag omedelbart efter dig, och jag är glad att du kom så snart. Nu är vi alla här inför Herren och väntar ivrigt på att få höra vad han har sagt till dig att du ska berätta för oss!"

³⁴Då svarade Petrus: "Jag ser nu mycket tydligt att Gud inte bara är intresserad av judarna. ³⁵Hos varje folk finns sådana som tillber honom och gör sådant som behagar honom. ³⁶,³⁷Jag är säker på att ni har hört om de goda nyheterna för Israels folk — att man kan få frid med Gud genom Jesus, Messias, som är skapelsens Herre. ³⁸Detta budskap har spridits i hela Judeen. Det började med Johannes döparen i Galileen. Och utan tvivel vet ni att Gud gav sin makt och sin helige Ande till Jesus från Nasaret, och att han gick omkring och gjorde gott och botade alla som var besatta av onda andar, för Gud var med honom. ³⁹Vi apostlar är vittnen till allt han gjorde både i Israel och i Jerusalem, där han också blev avrättad på ett kors. ⁴⁰,⁴¹Men tre dagar senare förde Gud honom tillbaka till livet och lät honom visa sig, inte för hela folket, utan för vissa vittnen som Gud tidigare valt ut, nämligen för oss, vi som åt och drack med honom efter det att han uppstått från de döda. ⁴²Och han skickade iväg oss för att predika de goda nyheterna överallt och för att vittna om att Jesus har fått i uppdrag av Gud att vara domare över alla — både levande och döda. ⁴³Och alla profeterna har skrivit om honom och sagt att var och en som tror på honom ska få sina synder förlåtna genom hans namn."

⁴⁴Medan Petrus fortfarande talade blev de som lyssnade fyllda av den helige Ande. ⁴⁵Judarna som hade kommit tillsammans med Petrus blev förvånade över att den helige Ande gavs också åt dem som inte var judar. ⁴⁶,⁴⁷Men det rådde inget tvivel om det, för de hörde att de talade i tungor och lovprisade Gud.

Då frågade Petrus: "Har någon något emot att jag döper

dem när de nu har tagit emot den helige Ande precis
som vi har gjort?" [48]Därefter döpte han dem i Jesu
Kristi namn. Cornelius bad honom sedan att stanna hos
dem några dagar." (Apg kap 10 – Boken)

I den här fascinerande texten vill jag kort lyfta fram
några tankar bland annat om vikten av att bönens och
handlingens människa ofta ska vara en och samma
person.
1 Petrus planerade in bön och använde också tid, när
han väntade, till att be (v 9-10).
Planerar vi in bön i vårt dags- och veckoschema? För
oss själva? Tillsammans med andra i bönegudstjänster
eller hemgrupper?
Katolske biskopen Anders Arborelius berättade i en
intervju jag läste, att han för sin del fann att det
moderna livet med väntande i olika sammanhang och
köer och liknande gav rika tillfällen till att be.
2 Bönen ledde till ny uppenbarelse och insikt för
Petrus.
3 Bönen ledde Petrus till sökande och längtande
människor. Ja, han kunde låta sig ledas till en ny grupp
människor. Han blev gränsöverskridande på ett nytt och
radikalt sätt - "fullblodsjuden" umgicks med hedningar
och verkade bland dem.
4 Bönen gav Petrus de rätta orden och kraften när han
mötte sökarna. Vilket dröm är det inte för varje
förkunnare att få uppleva att alla åhörarna omvänder
sig, blir frälsta och andedöpta under predikan, och de
sen samma dag låter döpa sig?!

Är vi bedjare eller handlingens människor eller både
och?

Jag kan tänka mig, att hälsotillstånd och yttre
omständigheter kan leda till att en kristen i en period av
livet enbart är en bedjare. Däremot tror jag inte att
Apostlagärningarnas kristendom skulle acceptera att
kristna är handlingens människor utan att också vara
bedjare.

Vilka är de fattiga?

Vilka är de fattiga,
som glädjens budskap är till för?
Vilka är de mottagliga,
de som väntar på evangeliet?
Gud skickar bort de rika med tomma händer,
medan jag har stått med mössan i hand
och krusat och fjäskat
för dem som "inte behöver" Kristus.

Är det konstigt att det blev så lite skörd?
Jag sådde ju i törnsnåren
och bland tistlarna,
lager på lager
av god, dyrbar säd.
Jag såg inte de stora ytorna
med god jord.

Inte heller nu är jag säker.
Är det här de människor
du tänkte jag skulle gå till?
Med stapplande språk,
med udda beteende,
inte så rumsrena i de religiösa reservaten,
de ensamma och ångestfyllda,

drogens gyttjebrottare,
förlorare i allas ögon,
är det om dem du sa:
"här i stan är det många
som hör till mitt folk"?

Herre, förlåt mig igen!
Låt mig få min syn!
Ge mig en chans till!
Ge mig dina ord
och led mig till de fattiga,
till dem som tar emot glädjebudskapet!

(Ingvar Holmberg 1995)

Samtalsfrågor
1 Försök att tillsammans göra en lista på fem eller tio
saker, som skulle hjälpa er att bli mer av bönens
människor.

2 Ge exempel på när bönen också har lett till konkret
handling – i ditt eget liv eller något du har hört av
andra.

11 Församlingen som förenar kulturer

I det tidigare kapitlet om Apostlagärningarna evangelisation nämnde jag om hur församlingen i Antiokia formades. Då kastade jag fram teorin, att församlingen där var en ny "mönsterförsamling" och kanske ännu mer sant kristen än församlingen i Jerusalem. Nu ska vi utveckla de tankarna och se lite närmare på församlingen i Antiokia som förenade kulturer och som var en gränsöverskridande församling. På så sätt är den oerhört viktig att studera för oss nu, då så många kulturer och språk finns mitt i det svenska samhället. De är ju en del av vårt arbetsfält. Apostlagärningarnas elfte kapitel har två delar som bägge två behandlar frågan om evangeliet och församlingen som gränsöverskridande och som förenar människor från olika kulturer. Den första delen av kapitlet beskriver ganska utförligt Petrus i Kornelius hus och det Gud gjorde där. Slutsatsen de judekristna i Jerusalem drar är att också hedningarna har tillträde till dopet och den kristna gemenskapen. Den andra delen av kapitlet berättar om hur evangeliet når Antiokia.

"[19]De som hade skingrats under den förföljelse som började med Stefanos nådde ända till Fenikien, Cypern och Antiochia, och de förkunnade ordet endast för judar. [20]Men några av dem var från Cypern och Kyrene, och när de kom till Antiochia predikade de också för icke-judar och lät dem höra budskapet om herren Jesus. [21]Herrens hand var med dem, så att ett stort antal kom till tro och omvände sig till Herren.

^{22}Ryktet om detta nådde församlingen i Jerusalem, och man skickade Barnabas till Antiochia. ^{23}När han kom dit och fick se bevisen på Guds nåd blev han glad och manade alla att helhjärtat hålla sig till Herren; ^{24}han var en god man, fylld av helig ande och tro. Och åtskilliga människor vanns för Herren. ^{25}Barnabas fortsatte sedan till Tarsos för att söka upp Saul, ^{26}och när han hade funnit honom tog han honom med sig till Antiochia. Där kom de sedan att vara tillsammans i församlingen ett helt år och kunde undervisa en avsevärd mängd. Och det var i Antiochia som lärjungarna för första gången fick heta kristna.

^{27}Vid denna tid kom några profeter från Jerusalem till Antiochia. ^{28}En av dem, som hette Agabos, lät genom Andens ingivelse förstå att en svår hungersnöd skulle komma över hela världen — den inträffade också under kejsar Claudius. ^{29}Då beslöt lärjungarna att man skulle sända understöd till bröderna i Judeen, var och en efter sina tillgångar. ^{30}De gjorde så och skickade Barnabas och Saul att överlämna gåvorna till de äldste." (Apg kap 11 – 2000)

Förföljelsen i samband med Stefanus martyrdöd var som om ondskan försökte stampa ut väckelsens eld i Jerusalem. Resultatet blev inte att elden släcktes – den bara spred sig.

De kristna, som själva kom från de grekisktalande områden i Romarriket och som själva var vana att umgås med ickejudar, började predika om Jesus för ickejudarna i storstaden Antiokia – den tredje största staden i Romarriket efter Rom och Alexandria. Staden låg 25 km från nordöstra hörnet av Medelhavet.

Så grundades en församling, där ickejudarna
-"hedningarna" - var i majoritet och där grekiska blev
språket för predikan och samtal och kanske nya sånger.
Det var många som kom till tro, och ryktet nådde
församlingen i Jerusalem. Hur skulle de kunna hjälpa
dessa nyomvända? Jo, de sände Barnabas, som kallades
Uppmuntraren eller Tröstens Son. Han var från Cypern
och var van att tala grekiska. Och han blev glad, när
han såg vad Gud hade gjort i stan. Nu hade han
verkligen kommit till rätt uppgift, och nu blev det
ytterligare framgång för evangeliet. Så fick Barnabas
sin snilleblixt, som naturligtvis var en inspiration från
Herren. Han reste till Tarsus och letade rätt på Paulus
och inbjöd honom till arbetet i Antiokia som ännu en
viktig person i ledarteamet.
De arbetade tillsammans under ett år, och det var i
Antiokia som lärjungarna började kallas kristna, dvs
"mini-Jesusar", för de var så lika sin Herre.
Det är också intressant att se hur Gud sände hjälp till
Antiokia i form av "några profeter" från Jerusalem. När
en av dem – Agabus – förutsåg en stor hungersnöd,
bestämde församlingsmedlemmarna i Antiokia att göra
in insamling och skicka hjälp till de fattiga i
församlingen i Jerusalemsområdet. Och den här hjälpen
sändes genom Barnabas och Paulus.
En fantastisk församling växte fram i Antiokia:
1 Den var för folket och på folkets språk.
2 Den byggde både på predikan, bibelundervisning och
profetia och karismatisk kraft.
3 Den hade ett socialt engagemang och såg bortom sin
egen intressesfär och var generös mot dem som
behövde hjälp.
4 Den tycktes ha en bra kombination av aktiva,

engagerade medlemmar och ett bra ledarteam. Det var naturligtvis så, att Barnabas och hans närvaro hade stor betydelse för den här utvecklingen. Han kom ju till församlingen i Jerusalem under den första väckelsetiden efter Pingstdagen (Apg 4). Han hade kommit från Cypern. Han lät sig fascineras och förvandlas av frälsningen och andeuppfyllelsen. Han sålde sin arvsegendom och gav pengarna till församlingen, för han hade inte kommit till Gud och församlingen i första hand för att "få ut något". Han kom för att ge. Han började kallas "Uppmuntraren" för sitt sätt att fungera. Han gav den nye Paulus ett varmt mottagande, när andra bara misstänkte honom där i Jerusalem. Och nu i Antiokia ville Barnabas inte vara den stora stjärnan och "herre på täppen". Han såg alltid värdet i andra och uppmuntrade dem att fungera. Och han "rekryterade" Paulus till "laget". Behöver man säga mer?

Vi kommer att återkomma mer till Antiokia i kommande kapitel.

Barnabas

Än en gång i Jerusalem
för att fira högtid.
Som vanligt skönt att komma bort
från Cypern och gå i den heliga staden,
skönt att gripas på nytt av tron,
av gudstjänst och tradition.

Annorlunda denna gång -
vibrerande och extatiskt,
brinnande ögon

118

och hänförda röster,
lovsånger till en uppstånden nasaré.

Och han som kommit för att ge som vanligt,
ger mer, ger allt för en nyfödd tro -
sin kärlek, sitt liv, sitt fadersarv, sin framtid.

Och en ny vind bestämmer resmålen
över land och vatten.
Och ett nytt namn får han - Tröstens Son.

(Ingvar Holmberg 1998)

Samtalsfrågor
1 På vilka sätt bidrar och medverkar människor från
andra kulturer, länder och språk i er församling?

2 Har du / ni själva någon regelbunden kontakt med
församlingsmedlemmar / kristna från andra kulturer?
Har det varit hemma hos dem? Har du bjudit hem
någon från en annan kultur till ditt hem? Hur var det –
positivt och kanske negativt?

119

12 Församlingen i hemmen

Innan Apostlagärningarna fortsätter berättelsen om Antiokiaförsamlingen och Barnabas och Paulus och vad som hände genom dem, återvänder boken till Jerusalem och församlingen där och till Petrus liv i det tolfte kapitlet. Därför gör vi likadant. Den andra huvudpersonen i kapitlet är Petrus motsats, den onde och maktgalne Herodes, tetrark som hade fått allt större område och makt. I kapitlets slut har Petrus överlevt Herodes försök att ta hans liv, medan Herodes mitt i sitt storhetsvansinne drabbas av Guds straffdom och dör en tragisk död.

Tiden då församlingarna hade lugn och ro i landet tog slut med en förföljelsevåg som Herodes Agrippa den förste startade. Denne Herodes var sonson till Herodes, som mördade gossebarnen i Betlehem, och brorson till den Herodes som lät halshugga Johannes Döparen. "[1]Vid den tiden ingrep kung Herodes hårdhänt mot en del av medlemmarna i församlingen. [2]Han lät halshugga Jakob, Johannes bror, [3]och när han såg att judarna gillade detta fortsatte han och lät också gripa Petrus; det hände under det osyrade brödets högtid. [4]Efter arresteringen satte han honom i fängelse, bevakad av fyra vaktstyrkor om vardera fyra man, för att efter påsken ställa honom inför folket. [5]Petrus hölls alltså fängslad, och i församlingen bad man ivrigt till Gud för honom." (2000)

" I församlingen bad man ivrigt till Gud för honom". Var hölls dessa bönemöten? Eftersom Herodes hade börjat förfölja de kristna ledarna, kunde nog inte församlingen ha några större gemensamma samlingar på tempelområdet eller utomhus någonstans. Nej, det var i hemmen man kunde samlas i större eller mindre grupper beroende på utrymmet. (Jag har varit med på samlingar i hemmen i Sovjetunionen, där 70-80 personer har trängt ihop sig i en vanlig lägenhet.) Eftersom det hade varit en tid av lugn och ro för församlingen efter Stefanusförföljelsen, så var det säkerligen många tusen i församlingen. Och i alla grupperna bad man för Petrus.

"[6]Natten innan Herodes hade tänkt ställa honom inför rätta låg Petrus och sov mellan två soldater, bunden med två kedjor, och utanför dörren fanns vakter som bevakade fängelset. [7]Då stod där plötsligt en ängel från Herren, och ett ljussken fyllde rummet. Ängeln väckte Petrus med en stöt i sidan. "Skynda dig upp", sade han, och då föll kedjorna från Petrus händer. [8]Ängeln fortsatte: "Ta på dig bältet och sandalerna." Petrus lydde, och ängeln sade: "Svep om dig manteln och följ mig." [9]Petrus följde med honom ut, men han förstod inte att det var verkligt, det som skedde genom ängeln, utan trodde att det var en syn. [10]De passerade en vaktpost och sedan en till och kom till järnporten som ledde ut till staden, och den öppnades för dem av sig själv. När de kom ut gick de gatan ner, och då försvann ängeln. [11]Så snart Petrus hade sansat sig sade han: "Nu vet jag verkligen att Herren har skickat sin ängel och räddat mig ur Herodes händer, undan allt som det judiska folket väntat sig."

[12]När han förstod hur det var gick han till huset där Maria bodde, mor till den Johannes som kallades

121

Markus; där var många samlade till bön. [13]Petrus bultade på porten, och en tjänsteflicka som hette Rhode gick för att låsa upp. [14]Men när hon kände igen Petrus röst blev hon så glad att hon i stället för att öppna porten sprang in och berättade att Petrus stod utanför. [15]"Du är tokig", svarade de. Men hon stod på sig, och då sade de: "Det är hans ängel." [16]Petrus fortsatte att bulta, och när de öppnade såg de till sin häpnad att det var han. [17]Han gav dem tecken att vara tysta, och så berättade han hur Herren hade fört honom ut ur fängelset. Han bad dem tala om det för Jakob och de andra bröderna, och sedan lämnade han dem och begav sig till en annan plats." (Giertz)

När Petrus förstod att befrielsen från fängelset var verklig, gick han till en av grupperna i hemmen. Kanske var det den närmaste grupp, som han visste om, kanske var hans fru med i den gruppen, vi vet inte. Det vi vet är att ingen av de ledande i församlingen var närvarande, eftersom Petrus bad sina vänner där berätta det för Jakob och de andra. Sen gav han sig iväg till en annan plats.

En "vanlig" bönegrupp eller husförsamling utan närvaro av församlingens ledare fick vara med om detta fantastiska under och bönesvar. Bara det är en lektion i sig och en stor uppmuntran.
Församlingen i hemmen är på många sätt den egentliga och riktiga församlingen. Detta kan man säga utan att på minsta sätt förminska betydelsen av de stora gudstjänsterna, i de flesta fall söndagens gudstjänst. 1 Den lilla gruppen fungerar i rika och fattiga sammanhang, med eller utan kyrkobyggnader. Där

finns den nära gemenskapen och församlingslivet.
2 Alla kan komma till sin rätt, få växa och också få
medverka och utvecklas i att tjäna Gud och människor.
3 Den lilla gruppen är en träningsmiljö för ledarskap
och andliga gåvor.
4 Bönen och förbönen fungerar kanske allra bäst i den
mindre gruppen.
5 Samlingar i hemmen kan också vara en mycket bra
miljö för barn och ungdomar att få smaka på bön och
bönesvar. Föräldrar och barn får tillsammans möta Gud.
6 Gemenskap runt fikabordet eller vid måltid och
gemensamma utflykter betyder oerhört mycket för den
sociala gemenskapen. Många människor i olika åldrar
lever ensamma eller "singel", som vi säger numera.
Men de och vi alla behöver gemenskap.
I många församlingar i olika länder består
församlingens ledarskap egentligen av pastorn
tillsammans med cellgruppsledarna. Att vara äldste
eller styrelsemedlem i en församling utan att vara en
levande och fungerande del av en cellgrupp eller
bönegrupp "finns alltså inte på kartan".

Att förstärka smågrupperna i olika former i våra
församlingar tror jag är en av de allra viktigaste
uppgifterna i dag. Det finns ett stort behov av närhet
och värme och andligt levande miljöer. Kanske
satsningen på smågrupperna också kan ge den
återfödelse och förnyelse av det karismatiska livet och
Andens gåvor som behövs. Är inte våra
söndagsgudstjänster ibland fattiga på nerv, profetisk
atmosfär och helande? Var finns överraskningarna och
det oväntade? Jag vet att många pastorer och
mötesledare är rädda för det som går utanför ramarna.

Det är inte ovanligt, att man inte låter någon uttala en profetia utan att mötesledaren eller pastorn först har godkänt den. Är det så farligt om något händer, som inte står i mötesprogrammet? Det är väl ganska enkelt att efter ett profetiskt budskap eller något annat som kan upplevas oförståeligt för den nye besökaren, förklara för församlingen vad som har hänt.

Vår gamle pingstledare under flera decennier, Lewi Pethrus, var inte rädd för att upplåta Filadelfias talarstol till den omstridde helandepredikanten Branham eller till den långhårige Lonnie Frisbee i Jesusrörelsen. Han lär ha sagt, att om det skulle vara något tokigt någon gång, så hade han många tillfällen att rätta till det senare.

Jag tror vi behöver stärka smågruppsarbetet och också låta smågruppernas varma klimat och andlighet färga de stora gudstjänsterna i kyrkan. För en hel del år sen, efter flera års målmedvetet arbete med att utveckla smågrupperna i Pingstförsamlingen i Jönköping, tror jag att man rapporterade att omkring 30% av församlingens medlemmar var med i någon av smågrupperna. Jag tror att det är ett gott resultat för att vara i vårt land. Samtidigt borde det kanske vara så, att majoriteten av medlemmarna i våra församlingar var med i en liten grupp.

Internationellt sett anses nog den idealiska cellgruppen eller bönegruppen vara den, som möts varje vecka. Nu är det också så, att en del människor trivs inte i en mycket familjär och intensiv cellgrupp. Därför är det kanske bra, att smågrupperna ser lite olika ut, vad gäller samlingarnas täthet och uppläggning. Det viktiga är nog bara, att pastorsteam och församlingsledningar på allt sätt underlättar smågruppsarbetet – och, framför allt, deltar själva med liv och lust.

124

Fråga till Uppfinnaren

Finns det flera såna, månntro?
Medelålders
överviktiga svenskar
som har växt upp
i Kina och Indien
och talar engelska
och sjunger ryska
och äter franska
med stor förtjusning
som sjunger och skrattar
för det mesta
men i ensamhet gråter ibland
i nattsvart förtvivlan
och ynklig självömkan?

Finns det flera såna?
Som haft sitt hem
på arton ställen
i tre länder
som lämnat den trygga lunken
och väntan på pensionen
och hänger mellan jord och himmel
som tror att Gud är ute och vandrar
och trivs bättre
i sköra men dynamiska människorelationer
än i hårda kyrkostrukturer?

Finns det fler såna?
Kan man använda dom till något?
Det skulle jag gärna vilja veta.

(Ingvar Holmberg 1994)

125

Samtalsfrågor

1 Tänker ni er församlingen som både i kyrkan och i hemmen?

2 Är ni själva med i både – och?

3 Tror ni att hemgruppen är en bra miljö att slussa in nya människor i? Har ni exempel på detta?

4 Vilka "regler" bör finnas för bönegruppen / cellgruppen för att du själv skulle trivas med att ha gruppen hemma hos dig?

13 Ledarteam, profeter och lärare

"I den församling som fanns i Antiokia verkade som profeter och lärare Barnabas och Simeon (som också kallades Niger), Lucius från Cyrene och Manaen, en fosterbror till landsfursten Herodes, samt Saulus." (Apg 13:1 – Giertz"

Vi har redan sett lite på hur församlingen i Antiokia bildades och växte fram under aktiva och entusiastiska församlingsmedlemmars arbete i harmoni med pastorerna och ledarna Barnabas och Paulus. Nu återkommer vi till Antiokia, och den första versen i trettonde kapitlet säger väldigt mycket till oss. Förutom aktiva kristna och cellgruppsledare fanns det ett team av ledare som nämns vid namn. I Nya Testamentet finns det en stark betoning på team och kollektivt ledarskap. Om man generaliserar lite kan man säga att i Gamla Testamentet kom Guds Ande och kallelse till starka individer som fick utföra storverk, även om de hade medarbetare och lärjungar till viss del. I Nya Testamentet är teamtanken det dominerande, även om Gud naturligtvis talar till och verkar genom individer.

Jesus sände ut sina lärjungar två och två (Luk kap 9 & 10). Han undervisade om att samlas i hans namn och att komma överens i bönen (Matt 1:18-20). Och i Apostlagärningarna och i breven möter vi på många ställen undervisning om församlingens ledarskap som ett kollektiv, en grupp.

I den svenska frikyrkan har också det gemensamma ledarskapet varit det förhärskande. (Att det dessutom har varit i linje med folkrörelsens och arbetarrörelsens

127

demokratiska och kollektiva ideal i vårt land har säkert också stärkt denna linje.) I USA med en kultur som framhåller den ensamme hjälten och den starka individen är det nog oftast annorlunda – pastorn är den dominerande ledaren. Och i länder med mer eller mindre uttalat diktatoriskt styrelseskick ser man mycket av samma klimat i församlingarna. Vi påverkas en hel del också i kyrkan av ledarstilar och ledarkulturen omkring oss.

I de svenska pingstförsamlingarna, där jag huvudsakligen själv varit verksam, så har man oftast hävdat att äldstekåren är församlingens ledning, och där är pastorn oftast "primus inter pares = lat. "den främste bland jämbördiga". Dessutom fattas ju större beslut av församlingen på församlingsmöte i sann svensk demokratisk ordning.

Mitt intryck av beslutsprocessen i församlingarna är att det blivit en glidning från "konsensus-beslut" till majoritetsbeslut. Jag har från Internet hämtat följande förklaring om konsensus:

"Ett beslut fattat i konsensus innebär att den beslutande gruppen resonerat sig fram till en lösning där alla är överens och som alla kan stå för. Beslutet behöver inte vara enhälligt och alla måste inte tycka om beslutet. Alla måste dock känna att deras åsikter framförts/vädrats och alla måste kunna leva med och acceptera beslutet."

Det finns mycket att säga i frågan om styrka och svaghet både hos handlingskraftiga och dominerande pastorer å ena sidan och starka äldstekårer å den andra. Tröghet, tvekan, obalans, stabilitet, delaktighet är olika faktorer att ta med i resonemanget. Antagligen är det fler pastorer än jag, som en och annan gång har önskat

128

sig snabbare beslut och förändringar och enklare hantering i någon fråga. Själv har jag i alla fall nästan alltid trivts med kollektivt ledarskap och konsensusbeslut.

Tillbaka till teamtanken och styrkan i ett team: Vi ser ett brokigt och fascinerande ledarteam bara i namnen som finns i första versen.

Barnabas – den judiske leviten (från präststammen), uppväxt på Cypern i en internationell miljö och flerspråkig. Han är en färgstark ledare själv men ingen "soloartist". Han är "Uppmuntraren" som ser andras värde och som är inkluderande i hela sitt sätt.

Simeon, som kallas Niger – det pekar på en jude med afrikansk härkomst (Niger – betyder svart).

Lucius från Cyrene – har ett latinskt namn och kommer från den viktigaste staden i Libyen och Nordafrika. Där fanns visserligen en judisk befolkning, men han är förmodligen inte jude.

Manaen, en fosterbror till landsfursten Herodes – han har alltså växt upp med Herodes Antipas och är från hovet och de fina kretsarna, överklassen.

Saulus – juden från Tarsus nära nordöstra hörnet av Medelhavet. Han är också romersk medborgare. Han har förmodligen kommit till Jerusalem som ung pojke och studerat vid den mest berömde judiske rabbinen på den tiden, Gamaliel. Han är farisé, alltså en oerhört renlärig och kunnig jude. Han har varit radikal som förföljare av de kristna och är nu radikal som efterföljare till Jesus. Säkert är han en viljestark, orädd ledartyp med hög lärdom och säkerligen stor kunskap i språken, hebreiska, arameiska, grekiska och kanske latin.

Den andra viktiga informationen vi får i den här första versen av Apg 13 är att "de verkade som profeter och lärare". Deras inriktning som pastorer och andliga ledare var alltså "profeter och lärare". Vad står det för? "Profeter" står för det karismatiska, det andeinspirerade – Andens kraft och gåvor. Gamla Testamentets profeter var till viss del förutsägande om framtiden, men de var kanske ännu mer "framsägande", dvs de förkunnade Guds budskap och ord och korrigeringar och uppmuntran. De var inspirerade predikanter. "Lärare" står för undervisningen i Bibeln, i den kristna läran. Det får inte förstås som att undervisning inte behöver den helige Andes kraft och inspiration. Att vara lärare i Nya Testamentet är en av de viktiga andliga tjänsterna i församlingen. Det är en tjänst som Anden utser till och ger kraft för. Ändå handlar det mer om att bibringa kunskap, mognad och balans.

Visst ser vi att det här är en modell och förebild för vilken kristen församling som helst. Det profetiska och karismatiska behövs likaväl som systematisk bibelundervisning och utbildning.
Det är en stor utmaning till den moderna kyrkan i Sverige att tillgodose båda de här sidorna. Mer och mer har ju medelstora eller mindre frikyrkoförsamlingar nästan bara en gudstjänst i veckan, den på söndagen. Så brukar det finnas någon bönegudstjänst också. Hur får man in "profeter och lärare" i detta? Det är ingen enkel ekvation.
För fyrtio år sen hade pingstförsamlingarna en bibelstudievecka på våren och en på hösten förutom bibelstudium varje vecka. Det var väckelsemöten med bibelgrundad och karismatisk förkunnelse ett par

130

gånger varje vecka förutom tältkampanj och
vinterkampanj. Det var nog lättare att få in båda
sorternas undervisning och träning då.
Hur kan självgående, själavinnande och karismatiska,
stabila kristna formas i dag? Går det utan undervisning
eller miljöer där de andliga gåvorna får utrymme? Kan
vi säga, att vi med den församlingsinriktning och det
månadsprogram vi har nu, att vi är en församling med
Apostlagärningarnas kristendom?

Billy Graham

Levande legend
predikanters dröm
presidenters vän
tolkars trofé
handskakningsbyte
Jag ser honom tydligt:
åldrad men reslig,
gammal örn
bland pratsamma korpar,
luggslitet lejon
bland trimmade pudlar,
mänsklig faktor
i oljat maskineri.
Jag hör honom tydligt:
I brottningsmatchen
mot Mr. Parkinson
leder han fortfarande knappt.
Aningen fumligt,
stundtals med möda,
ändå bergfast,

övertygande övertygad,
missar poänger
men inte målet,
långa pauser -
hittar han tråden?
Så händer det igen -
skarorna kommer,
heligt beslutna
till mötet med Gud,
Billy Grahams Gud.
Gåvan, gudagnistan
fanns där ännu en gång
starkare än maskineriet,
starkare än Mr. Parkinson,
starkare än Mr. Graham.
Jag ser det tydligt.

(Ingvar Holmberg 1995)

Samtalsfrågor

1 Vilka ledaregenskaper sätter ni mest värde på?

2 Finns det exempel på profeter i församlingar ni
känner till?

3 Samtala ytterligare om balansen med både det
läromässiga och det profetiska (karismatiska).

Fattas något, och hur gör vi i så fall för att stimulera det
som är en svag sida?

14 Missionens heliga sak

"Missionens heliga sak"
Många av oss som är äldre ler igenkännande åt det uttrycket. Det användes mycket i frikyrkoförsamlingarna för några årtionden sen.

I min ungdoms pingströrelse på 1960-talet – åtminstone i Sionförsamlingen i Norrköping där jag fanns då – "var yttre missionen", dvs missionsarbete i andra länder, det som var församlingens stolthet och stora glädje. Missionsmöten med färgstarka missionärer klädda i olika dräkter och med diverse föremål från olika länder i Afrika, Asien och Sydamerika var lockande samlingar. Ibland kunde man få se "ljusbilder" dvs diabilder från arbetet i de olika länderna. Om jag inte minns fel, så gick c:a 50% av insamlade medel / kollekter i pingstförsamlingarna i Norrköping och Örebro under några år till just yttre missionen. Det är sant att personalkostnader, sociala avgifter och kostnader för kyrkobyggnader var annorlunda på den tiden, men det är ändå mycket imponerande.

En förklaring till intresset kring mission var nog att TV och andra massmedia var på en annan nivå i samhället. Många svenskar var inte så beresta som de sen blev när charterresandet och annat resande utomlands blev vardagsmat för genomsnittssvensken.

TV började sändas i Sverige 1956 med en enda kanal. Program 2 kom 1969 och den kommersiella kanalen TV3 1988. Dessutom var det sändningar under ett fåtal timmar varje dag, inte hela dagarna och med massor av kanaler som nu.

133

"Missionens heliga sak" - det handlade förstås om att predika Jesu budskap och starta församlingar. Tidigt blev det en självklarhet att också gå in och avhjälpa nöden och göra sociala insatser som en konsekvens av Guds kärlek till människan och hennes hela livssituation.

Pingstpastorerna - och naturligtvis de andra frikyrkopastorerna också, fast jag inte har lika bra kunskap om dem- var ofta mycket intresserade av mission och mycket kunniga ifråga om de länder där deras församling bedrev mission. Det ordnades årliga missionskonferenser för pastorer, missionärer och övriga missionsintresserade, och de stora sommarkonferenserna och den viktiga "predikantveckan" i Filadelfia i Stockholm i december hade ofta missionsämnen på agendan, där olika missionsfrågor studerades och diskuterades i storforumets form. Pastorer kunde få göra resor till missionsländerna som mycket uppskattad tjänsteförmån, och på dessa resor fick man mycket kunskap som var värdefull i arbetet hemma och i den framtida kontakten med missionärerna.

Nu är det en helt annan tid och en helt annan situation. De olika inhemska församlingarna och bibelskolorna och verksamheterna drivs och leds av landets egna. Antalet svenska missionärer är mycket mindre, och uppgifterna är mer specialiserade. Församlingsmedlemmarna i vårt eget land får information och kunskap om omvärlden genom TV - fantastiska naturprogram och reseskildringar och reportage. De reser mycket själva och har mer stimulans i fråga om bilder och intryck än de kan

134

hantera. Missionsinformationen görs proffsigare och mer tidsenlig men kommer ändå som en liten, liten rännil i den oerhört kompakta och överväldigande informationsströmmen om alla möjliga frågor.

"Missionens heliga sak" är inte på samma sätt längre hela församlingens och alla pastorernas stora specialintresse. Det börjar bli ganska vanligt med pastorer och församlingsledare som har ganska litet intresse för missionen i andra länder. Man talar så gott som enbart om visionen för den egna orten och för Sverige. Överallt i Sverige finns de olika missionsländernas medborgare som invandrare och asylsökande. Detta stora missionsfält uppmärksammas av många församlingar men antagligen inte i den grad det skulle kunna och kanske borde vara. Ändå är det ett imponerande arbete som bedrivs i hela världen genom de svenska samfundens och enskilda församlingarnas arbete. "Missionens heliga sak" lever, även om den inte syns lika tydligt som för några decennier sen.

I förra kapitlet började vi se på teamarbete och ledarna i Antiokia i början av Apostlagärningarnas 13:e kapitel. Nu fortsätter vi att se på det kapitlet, och det kommer just att handla om "missionens heliga sak". Här startar församlingen, inspirerad av den helige Ande, ett omfattande missionsarbete.

"I den församling som fanns i Antiokia verkade som profeter och lärare Barnabas och Simeon (som också kallades Niger), Lucius från Cyrene och Manaen, en fosterbror till landsfursten Herodes, samt Saulus. [2]En gång när de gjorde tjänst inför Herren och fastade, sade den helige Ande: Avskilj Barnabas och Saulus åt mig, till det verk som jag har kallat dem till. ³Då fastade de, bad och lade händerna på dem och lät dem så resa. ⁴När de nu blivit utsända av den helige Ande, reste de ned till Seleucia, och därifrån seglade de vidare till Cypern. ⁵De landade i Salamis och förkunnade Guds ord i judarnas synagogor. Till medhjälpare hade de Johannes." (Giertz)

Det framgår inte riktigt, om den här kallelsen till missionsarbete kom under en större gudstjänst (Bibel 2000 översätter tillfället med "när de höll gudstjänst och fastade"), eller om det var under en bönedag med fasta för ledarteamet. I alla fall talade Anden – förmodligen genom profetia – om att avskilja och sända ut Barnabas och Paulus till "det verk som jag har kallat dem till".

Man fastade ytterligare och bad och välsignade och invigde dem till uppgiften genom handpåläggning. Det här missionsarbetet började i storsinthet och generositet från församlingens och de övriga ledarnas sida. Nog hade det varit lättare att avvara bröderna "Tjatus" och "Syrak" till det här än de två mest framträdande ledarna i församlingen. Men man ifrågasatte tydligen inte den helige Andes visdom i detta. Även om det inte sägs uttryckligen i texten, så skickade man säkert med de nya missionärerna en reskassa också. Barnabas släkting Johannes Markus fick också följa med som medhjälpare.

På Cypern reser de tydligen landvägen från hamnstaden Salamis i östra delen till Pafos i västra delen. De kommer till prokonsuln Sergius Paulus, som vill höra

Guds Ord men som störs och hindras i detta av trollkarlen, den falske profeten Barjesus. Vi låter bibeltexten berätta den spännande fortsättningen av besöket hos prokonsuln och resan vidare från Cypern. "[8]Men Elymas, trollkarlen- så kan man översätta hans namn- motarbetade dem, eftersom han ville hindra prokonsuln att komma till tro. [9]Men Saulus — eller Paulus som han också kallades — såg honom oavvänt i ögonen, fylld av den helige Ande, [10]och sade: Du som är så full av idel bedrägeri och falskhet, du djävulens barn som är en fiende till allt som är rätt, tänker du aldrig sluta att förvränga Guds rätta vägar? [11]Se — nu slår dig Herrens hand, och du kommer att bli blind, och en tid framåt skall du inte kunna se solens ljus. Genast föll natt och mörker över honom, och han famlade omkring och sökte efter någon som kunde leda honom. [12]När prokonsuln såg vad som hände, kom han till tro, överväldigad av Herrens lära. [13]Paulus och hans följeslagare lade nu ut från Pafos och kom till Perge i Pamfylien. Där övergav dem Johannes och vände tillbaka till Jerusalem. [14]Själva fortsatte de inåt land från Perge och kom till det pisidiska Antiokia. På sabbaten gick de till synagogan och slog sig ned där. [15]När texterna ur lagen och profeterna blivit lästa, skickade synagogföreståndarna en man till dem och lät hälsa: Bröder, har ni något förmaningens ord till folket, så säg det! [16]Då reste sig Paulus, gav ett tecken med handen och sade...." (Giertz)

Tillåt mig att dra personliga slutsatser av att bibeltexten

på den fortsatta resan kallar missionsteamet för "Paulus och hans följeslagare". Jag tror att Barnabas utan avundsjuka eller protester låter Paulus vara ledaren för missionsresan. Det är sånt här Paulus är skapt och utrustad och förberedd för, och Barnabas har hela tiden sett Paulus gåvor och sett till att de kom i funktion, till exempel i Antiokia.

Riktigt varför Johannes Markus "övergav dem (i Perge i Pamfylien) och vände tillbaka till Jerusalem", vet vi inte. Det var i alla fall så att bergstrakterna i Pamfylien var hemsökta av rövare och banditer. Kanske var det något överfall eller tillbud, som fick Johannes Markus att känna att det var för jobbigt att vara med i ett missionsteam, så han tog nästa båt och for hem till mamma i Jerusalem. Det här gjorde Paulus mycket upprörd, det vet vi från andra texter.

Nu på den här resan påbörjades ett arbetsmönster som Paulus tycktes använda överallt. På sabbaten gick de till synagogan, där gästande rabbiner och lärda i skrifterna alltid fick tillfälle att läsa och tala. Då flätade Paulus samman välkända texter med sin egen undervisning om Jesus och evangeliet. Nästan alltid blev reaktionerna både för och emot, och det ledde Paulus till nästa steg i sin strategi - han vände sig till hedningarna. Vi läser på nytt från det innehållsrika kapitel tretton:

"[42]Då de gick ut, blev de ombedda att nästa sabbat komma och tala om dessa saker. [43]När sen församlingen skildes åt, var det många judar och gudfruktiga proselyter som slog följe med Paulus och Barnabas, och de talade med dem och lade dem på hjärtat att hålla sig till Guds nåd.

[44]Följande sabbat samlades nästan hela staden för att

138

höra Guds ord. ⁴⁵När judarna såg allt detta folk, rann sinnet på dem och de började göra hånfulla inpass när Paulus talade. ⁴⁶Men Paulus och Barnabas tog bladet från munnen och sade: Det var nödvändigt att Guds ord först skulle predikas för er. Men eftersom ni stöter det ifrån er och inte anser er värda det eviga livet, så vänder vi oss nu till hedningarna. ⁴⁷Det är ju vad Herren har befallt oss:

Jag har satt dig till ett ljus för hedningarna, för att du skall bli till frälsning ända till jordens ände.

⁴⁸När hedningarna hörde det, gladde de sig och prisade Guds ord, och de kom till tro, så många som var bestämda till att få evigt liv. ⁴⁹Herrens ord fördes ut över hela landet. ⁵⁰Men judarna hetsade upp de förnäma kvinnor, som brukade komma till synagogan, och de ledande männen i staden, så att de ställde till med en förföljelse mot Paulus och Barnabas och fördrev dem från sitt område. ⁵¹Då skuddade de stoftet av sina fötter mot dem, och så kom de till Ikonium. ⁵²Men lärjungarna uppfylldes alltmer av glädje och av den helige Ande." (Giertz)

Här slutar det trettonde kapitlet med ännu ett återkommande inslag på resan – judarnas vrede och förföljelse av missionsteamet. Och det fjortonde kapitlet börjar med att Paulus och Barnabas oförskräckt predikar evangeliet både för judar och hedningar trots motstånd.

"På samma sätt gick det i Ikonium. De gick till judarnas synagoga och predikade så att en stor mängd judar och greker kom till tro. ²Men de judar som inte ville lyda

Ordet eggade upp hedningarna till illvilja mot bröderna. [3]Ändå stannade de där åtskillig tid och talade oförskräckt i förtröstan på Herren, som också lät ordet om sin nåd bli bekräftat genom de tecken och under som skedde under deras händer. [4]Folket i staden delades i två partier. Somliga höll med judarna, andra med apostlarna. [5]Men så enades hedningar och judar med sina ledares goda minne om att nu skulle man överfalla och stena Paulus. [6]Det fick de reda på och flydde till Lykaonien, till städerna Lystra och Derbe och trakten däromkring. [7]Där stannade de och predikade evangelium." (Giertz)

Nu har teamet kommit till provinsen Galatien och städerna Ikonium, Lystra och Derbe. I Lystra händer ett påtagligt helandeunder med en lam man. Det väcker sån uppståndelse, att folk tror att de grekiska gudarna har stigit ner till dem. Prästen vid ett tempel vill ordna offerfest. "[12]Barnabas kallade de Zevs och Paulus fick heta Hermes, eftersom det var han som förde ordet.". Att Barnabas var en imponerande människa med ett vördnadsbjudande utseende förstår vi av att man tog honom för den högste guden och Paulus för språkröret... Apostlarna lyckas med nöd och näppe avstyra offrandet till deras ära.

Några versar till i kapitel fjorton får oss att bäva och skaka på huvudet inför dessa modiga och uthålliga missionärer.
"[19]Men från Antiokia och Ikonium kom det judar som fick med sig folket och stenade Paulus. Sen släpade de ut honom ur staden och trodde att han var död. [20]Men

när lärjungarna slog en ring omkring honom, reste han sig upp och gick in i staden. Nästa dag drog han vidare med Barnabas och kom till Derbe." (Giertz)

Det finns heroisk missionshistoria också t.ex. inom pingströrelsens tidiga mission på 1900-talet. Kongomissionen i det som nu heter Kongo-Kinshasa började 1921 med missionärer från Sverige som kom till Uvira. De började lära sig landet och språket men blev förgiftade och dog kort tid efter ankomsten till Afrika. Dessa missionärsgravar i Uvira lär finnas kvar. Men nya missionärer sändes ut. På Smyrnaförsamlingens i Göteborgs hemsida står uppgiften att det pingstsamfund i Kongo som är den direkt frukten av de svenska missionärer räknar 700 000 medlemmar.

Ur ett dokument:
"En liten grupp unga svenska pingstmissionärer slog sig ned i Uvira 1922. De tillhörde pionjärerna. Året innan hade den första svenska pingstmissionären, Axel B. Lindgren, kommit till Kongo.
Joel och Berta Eriksson bodde först i en hydda av gräs och lera. Köket bestod av tre stenar utanför hyddan.
Men breven hem innehåller ingen klagan, bara glädje över att leva i kallelsen. "Hellre bor jag i ett lerhus i Afrika i Guds tjänst än i ett palats i satans tjänst", skrev Joel till sina anhöriga i Sverige.
Missionärerna ägnade sig mycket åt språkstudier i väntan på de belgiska papper, som skulle ge dem möjlighet att expandera verksamheten. Men strax före jul 1923 drabbades missionärerna av en ofattbar tragedi. Döden kom till Uvira. Först blev Rut Jonasson

svårt sjuk. Snart kom telegram till Sverige som berättade att hon dött. Också Berta drabbades och var så svag att hon inte kunde vara med på sin kollegas begravning. Snart dog också hon.

När det blev Joels tur att inta sängläge med hög feber vädjade han till sin omgivning, att Sverige inte fick upphöra att sända missionärer till Kongo. Sedan dog också han. Inom loppet av fem dagar avled tre unga missionärer i Uvira under oklara omständigheter. Även andra på missionsstationen blev sjuka. Läkare som besökte de drabbade och tog prover kunde inte hitta spår av någon känd tropiksjukdom. Tidigt spred sig uppfattningen, att missionärerna förgiftats av en fientlig omgivning. Men ingenting kunde bevisas, ingenting klarläggas. Joels sista, starkt uttryckta önskan om fortsatt Kongomission bottnade säkert i rädslan för att tragedin i Uvira skulle punktera hemförsamlingarnas vilja till fortsatt satsning. (95-åriga Greta Björklund om sin morbror Joel Eriksson i skrift på Pingst Arkiv och Forskning dec 2013)

142

Yrkesval

Plötsligt stod han där
med brinnande ögon,
solbränd hy
och dammiga sandaler.
"Följ mig! Jag ska göra
människofiskare av dig."

Ensam stod jag kvar
med skamsen uppsyn.
Måste gå
och följa i hans fotspår.
Hängde skylt på dörren.
"Akvarieskötare sökes"

(Ingvar Holmberg)

Samtalsfrågor

1 När du hör ordet "missionär", vem tänker du i första
hand på? (Kort "runda")

2 Finns det en risk i dag att socialt och humanitärt
arbete i missionsländerna skymmer och delvis tränger
bort förkunnelsen om Jesus och frälsningen?

3 Vad för slags mission skulle ni vilja stödja och vara
en del av?

15 Lokala församlingar med lokala ledare och lokalt ansvar

Avslutningen av kapitel fjorton i Apostlagärningarna ger mycket information på några få rader: "Nästa dag gick Paulus och Barnabas vidare till Derbe. 21 De förkunnade evangeliet i staden och vann många lärjungar. Sedan återvände de till Lystra, Ikonium och Antiokia 22 och styrkte lärjungarnas själar och uppmanade dem att stå fasta i tron. De sade: "Vi måste gå igenom många lidanden för att komma in i Guds rike." 23 I varje församling utsåg de äldste åt dem, och efter bön och fasta överlämnade de dem åt Herren som de hade kommit till tro på. 24 Sedan tog apostlarna vägen genom Pisidien och kom till Pamfylien. 25 De predikade ordet i Perge och gick ner till Attalia. 26 Därifrån seglade de tillbaka mot Antiokia, där de hade blivit överlämnade åt Guds nåd för det uppdrag som de nu hade fullgjort. 27 När de hade kommit fram, samlade de församlingen och berättade om allt som Gud hade gjort genom dem och hur han hade öppnat trons dörr för hedningarna. 28 Och de stannade en längre tid där hos lärjungarna." (SFB 2015)

"Nästa dag for Paulus och Barnabas till Derbe". Det var alltså dagen efter det att Paulus blivit stenad i Lystra! Derbe blev den avslutande platsen på denna första missionsresa. Där berättas det bara om framgång för evangeliet utan särskilt motstånd eller krångel. Från Derbe startar de sen den långa resan tillbaka. Den resan är ingen lättvindig transportsträcka hem, utan man stannar vid varje plats och nystartad församling för att ge den struktur och fortsatt livskraft.

1 Det sker genom undervisning, fördjupning i de andliga erfarenheterna och förberedelse på kamp och motgångar.

2 Det sker genom att tillsätta en grupp ledare för varje församling, så kallade äldste.

Jesu missionsbefallning talar nämligen inte bara om att predika evangeliet och demonstrera dess kraft genom helanden och kraftgärningar. Jesus sa också "lär dem att hålla all de bud jag har gett er". Att göra människor till lärjungar är missionens uppdrag. Till det behövs inte bara en plats för predikan och proklamation. Det behövs också en plats för fortsatt undervisning, gemenskap och tillväxt och tjänst för andra, ett andligt hem – det behövs en biblisk församling.

Som rubrik på det här kapitlet satte jag "Lokala församlingar med lokala ledare och lokalt ansvar".

Apostlagärningarnas kristendom har som mål för predikan och evangelisation "självunderhållande, självstyrande och självutbredande" församlingar för att använda några begrepp som är viktiga.

"Självunderhållande" handlar om att församlingen står på egna ben ekonomiskt.

"Självstyrande" handlar om att det finns ett lokalt ledarskap, en lokal handlingsfrihet.

"Självutbredande" handlar om att varje församling har ett ansvar för att sprida Jesu budskap och bidra till att nya grupper och församlingar bildades.

Paulus och hans medarbetare förkunnade evangeliet och planterade församlingar i centralorter och viktiga knutpunkter för resor och handel, för att de kristna därifrån skulle sprida budskapet och det kristna livet vidare.

Det är genom lokala ledare som en grupp kristna människor blir en församling med livskraft, växtkraft och kontinuitet. Därför sätter Paulus och Barnabas in ledare (i flertal) och inviger dem till tjänst genom bön och fasta och handpåläggning (även om det senaste inte sägs i texten just här). Se till exempel Apg 6:6, 13:3 och 2 Tim 1:6 om handpåläggning i samband med invigning till tjänst.

Handpåläggningen i Nya Testamentet förmedlar ofta helande, helig Ande, andliga gåvor och innebär ett erkännande av en persons tjänst mm.

I sin undervisning till Timoteus och Titus om tillsättande av äldste och andra ledare skriver Paulus, att dessa ledare ska vara redbara och stabila och ha gott rykte och inte heller vara nyomvända. Ändå tillsätter han och Barnabas relativt nyomvända människor som ledare i de här församlingarna. Men – vi ser ofta att nyomvända, som med kärlek och kraft och entusiasm överlåter sig åt Gud i bön och bibelläsning och tjänst under några veckor och månader, kan växa i erfarenhet och kunskap och mognad mer än andra som varit församlingsmedlemmar ett halvt sekel.

Äldste är inte en fråga om ålder utan om mognad och integritet.

Dessa nyinsatta, ganska nyomvända och oerfarna äldste i Derbe och Lystra och Ikonium Antiokia i Pisidien var ju ledare i sitt lokala sammanhang och för människor som var lika nya och kanske ännu grönare än de själva.

Och sen växte de med uppgiften och med församlingens tillväxt genom nya medlemmar. De hade

146

väl inte räckt till för att vara församlingsledare i Jerusalem och stora Antiokia, men det var ju inte heller där, som de befann sig.

Lokala, självständiga församlingar med ett ansvar för sin egen ort och att sprida evangeliet vidare – såna församlingar kan uträtta stora ting på Herrens uppdrag. Missionshistorien i min egen rörelse, den svenska pingströrelsen, visar också att lokala församlingar ensamma eller i samarbete med andra har kunnat utföra stora missionssatsningar i andra delar av världen (precis som församlingen i Antiokia). Man har inte väntat på att andra skulle göra något, utan när man såg ett behov och kände Andens ledning, så gick man som församling eller församlingar in i det med liv och lust. Samfundsledningar, missionsstyrelser och missionsexperter kan visst ha ett berättigande för samlande av information, samordning av resurser och för ökad kompetens och slagkraft, men jag tror, att än i dag har de lokala församlingarna huvudansvaret både för sin egen ort och regionen utanför och för missionen i världen.

Så avslutas det som kallas Paulus första missionsresa med att han och Barnabas kommer tillbaka till församlingen i Antiokia, som de sänts ut ifrån. De berättar om allt Gud har gjort och allt de varit med om. Man kan med våra ord tala om återkoppling, redovisning, rapportering och utvärdering. Och de får vila och gemenskap och går tillbaka till sitt ursprungliga nätverk och sina tidigare uppgifter. Och församlingen i Antiokia har genom sin lyhördhet mot Guds kallelse och genom sin generositet att dela med sig av sina bästa ledare bidragit till att Guds Rike har utbrett sig, och nya församlingar har grundats och står på egna ben och sprider evangeliet i sin tur. Vilken glädje och tillfredsställelse!

Här råder Hans Ande

Text & mel: Ingvar Holmberg 1982

Här råder Hans Ande, här hör vi Hans ord
i Kristi församling – vårt hem här på jord.
Vi prisar vår Herde, vi tillhör Hans hjord.
Här råder Hans Ande, här hör vi Hans ord.

1 Sjung "Halleluja!" Prisa Hans namn!
Här trivs vi tillsammans i Guds vidöppna famn.

2 Kom, tro på Jesus! Kom, följ Hans Ord!
Kom till Hans församling, till vårt hem här på jord!

Här råder Hans Ande, här hör vi Hans ord....

Om du vill höra hur sången låter:
https://youtu.be/5q7E0T2rKJQ

Här råder Hans Ande

Text & Musik: Ingvar Holmberg 1982

Här råder Hans Ande, här hör vi Hans Ord I Kristi för-

sam-ling, vårt hem här på jord ___ Vi prisar vår Her-de _, vi tillhör Hans

hjord. Här råder Hans An- de, här hör vi Hans Ord___ .

1 Sjung hal- le - lu-ja! Pri- sa Hans namn! Här trivs vi till-sammans
2 Kom, tro på Je- sus, Kom, följ Hans Ord! Kom till Hans församling,

i Guds vidöppna famn_____,
till vårt hem här på jord___ . Här råder Hans

Samtalsfrågor

1 Samtala om vad det kan finnas för poäng med att församlingsledarna är från orten och har varit med relativt länge i församlingen. Finns det fördelar med ledare som är inflyttade? Hur då?

2 Är vår församling/ våra församlingar "självstyrande, självunderhållande och självutbredande"?

Hur kan församlingen bli mer "självutbredande"?

16 Problemlösning, strukturer och nätverk

En styrka i Bibeln är att den inte skönmålar personer och tider. De som vi tänker oss som hjältar – Abraham, kung David, Salomo m fl – skildras med både förtjänster och fel. Det är bara Gud som är fullkomlig, och det finns bara en sann hjälte – Jesus av Nasaret. Apostlagärningarnas kristendom hade också sina konflikter, där människor bara såg ena sidan av saken och inte helheten. Det är bra att konflikten i Apg kap 15 inte är bortredigerad ur Nya Testamentet, för av den lär vi oss en hel del om hur man löste problemen och hur församlingarnas nätverk och struktur fungerade. Enligt Ganslandts lilla Biblisk Kronologi varade Paulus och Barnabas första missionsresa från oktober år 46 till sommaren 48. En tid efter deras hemkomst var det som om Antiokias kristendom och Jerusalems (eller i alla fall judeisk) kristendom kolliderade.

"Då kom det ned några från Judeen som undervisade bröderna och sade: om ni inte blir omskurna på det vis som Moses har lärt oss, så kan ni inte bli frälsta. [2]Paulus och Barnabas kom i strid med dem och det blev en häftig dispyt. Då bestämde man att Paulus och Barnabas och några andra bland dem skulle resa upp till apostlarna och de äldste i Jerusalem för att avhandla saken. [3]Sen de blivit utrustade och utsända av församlingen, tog de vägen genom Fenicien och Samarien. Där berättade de om hedningarnas omvändelse, till stor glädje för alla bröderna. [4]När de kom fram till Jerusalem, togs de emot av församlingen och apostlarna och de äldste och berättade om allt som Gud utfört genom dem. ⁵Några av fariseernas parti som kommit till tro trädde då upp och sade: Man måste omskära dem och ålägga dem att hålla Mose lag. ⁶Då fick apostlarna och de äldste sammanträda för att dryfta saken. ⁷När meningarna stod hårt mot varandra, reste sig Petrus och sade till dem: " (Giertz)

Paulus och Barnabas blev ombedda att vara Antiokias representanter i ledarkonferensen i Jerusalem. De fick "respengar och traktamente" och gav sig av. På vägen passade de på att besöka de olika församlingarna och berätta om vad Gud hade gjort på deras resa på Cypern och i nuvarande Turkiet. Och de andra unga församlingarna jublade över hur hedningarna kommit till tro.

När sedan Paulus och Barnabas kom till Jerusalem, togs de emot också där och började berätta om "allt som Gud utfört genom dem". Men så verkar det som om de blev avbrutna av några från gruppen som ville göra hedningarna till judar, om de skulle bli "riktigt kristna".

Så länge som diskussionen blir enbart principiell och teoretisk verkar det, som om de olika falangerna inte närmar sig varandra. Teorin och läran behöver belysas av verkligheten och hur Gud handlar genom sina tjänare och ibland trots sina tjänares förutfattade meningar och tidigare föreställningar. Det är detta som händer, när Petrus tar till orda i mötet och berättar om sin upplevelse i Kornelius hus. Sen får Paulus och Barnabas i lugn och ro berätta om Guds handlande på deras resa.

"⁷När meningarna stod hårt mot varandra, reste sig

Petrus och sade till dem: Bröder, ni vet att Gud redan för länge sen bland er utvalde mig, för att hedningarna genom min mun skulle få höra evangeliets ord och komma till tro. [8]Och Gud som känner allas hjärtan visade att han tog emot dem, när han gav den helige Ande åt dem på samma sätt, som åt oss. [9]Han gjorde inte någon skillnad oss emellan utan renade deras hjärtan genom tron. [10]Varför vill ni nu utmana Gud genom att lägga ett ok på lärjungarnas nacke som varken våra fäder eller vi orkat bära? [11]Vi tror ju tvärtom att det är genom Herrens Jesu nåd som vi blir frälsta, vi på samma sätt, om de.

[12]Då teg alla de församlade och lyssnade till Paulus och Barnabas, som berättade vilka tecken och under Gud genom dem hade utfört bland hedningarna. " (Giertz)

Nu, när teologin och principerna har blivit belysta av Guds handlande i olika situationer, är det som om allt faller på plats. Kanske är det ett nytt bekräftande av att församlingen behöver både "profeter och lärare". Här träder Jakob fram, Jesu halvbror som nu verkar vara något av församlingsföreståndare i Jerusalem.

"[13]När de tystnat tog Jakob ordet och sade: Bröder, lyssna till mig. [14]Simon har skildrat, hur det gick till när Gud den gången utvalde ett folk åt sig bland hedningarna, ett folk som skulle bära hans namn. [15]Det stämmer med profeternas ord i Skriften:
[16]Sedan skall jag vända åter. Än en gång skall jag bygga upp Davids fallna hydda.
Vad nedbrutet är skall jag åter bygga upp. Jag skall upprätta den igen,
[17]för att alla andra människor skall söka Herren, alla de

hedningar över vilka mitt namn har blivit nämnt.[18]Så
säger Herren, han som gör detta och som kungjort det
sen evärdlig tid.'

[19]Därför är det mitt förslag att vi inte skall skapa
svårigheter för de hedningar som omvänder sig till
Gud, [20]men skriva till dem att de skall avhålla sig från
all befläckelse genom avgudarna och från otukt och
kött av kvävda djur och blod. [21]Sen gamla tider har ju
Moses i varje stad sina förkunnare, och i synagogorna
blir han läst var sabbat." (Giertz)

I ledarkonferensen händer detta förlösande, att ledaren
Jakob som alla har förtroende för, citerar ett bibelord
belyst av dagens verklighet och sen lägger ett förslag
som alla kan samlas omkring. Brevet som skickas till
olika församlingar, är också ett mästerverk och väl värt
att läsa här. Sen vill jag gärna kommentera de här
händelserna ytterligare.

"[22]Då beslöt apostlarna och de äldste tillsammans med
hela församlingen att utse några ibland sig och skicka
dem till Antiokia med Paulus och Barnabas. De valde
Judas som kallades Barsabbas och Silas, vilka hörde till
de ledande bland bröderna, [23]och sände ett brev med
dem som löd: Era bröder apostlarna och de äldste hälsar
de bröder i Antiokia, Syrien och Cilicien som är av
hednisk härkomst. [24]Vi har fått höra, att några från oss
har vållat oro ibland er och bekymrat era samveten med
sina påståenden, utan att de haft något uppdrag från vår
sida. [25]Därför har vi enhälligt beslutat att utse ombud
och sända dem till er tillsammans med Barnabas och
Paulus, våra älskade bröder, [26]som satt sina liv på spel
för vår Herres Jesu Kristi namn. [27]Alltså sänder vi nu

Judas och Silas till er för att de muntligen skall bekräfta vårt budskap. [28]Den helige Ande och vi har nämligen beslutat att inte pålägga er någon ytterligare börda utöver detta nödvändiga, [29]att ni avhåller er från kött som offrats åt avgudarna, från blod och kött av kvävda djur och från otukt. Ni gör väl om ni håller er borta från sådant. Farväl." (Giertz)

De konkreta föreskrifterna i brevet var en blandning av oeftergivligt krav och av hänsynstagande till den lokala situationen. "Ni gör väl om ni håller er borta från sådant". Förbudet mot otukt och kravet på sexuell renhet är något tidlöst i den kristna läran. Däremot var matreglerna (förbudet att äta kött offrat till avgudarna samt blodmat etc) kanske mer en blandning av hälsoföreskrifter till viss del och framför allt - hänsyn till den judiska befolkningen utspridd överallt. De kristna hade än så länge helt och hållet samma bibel som judarna, och en viktig strategi i missionsarbetet var att försöka få troende judar att förstå att Jesus var Messias. Det var därför viktigt att hålla dörren öppen till judarna och inte skylta med levnadssätt som skulle vara en styggelse för dem. I Romarbrevet, det stora lärobrevet, tar Paulus i det fjortonde kapitlet upp frågorna om mat och visar att ingen mat är oren i sig själv, utan det handlar om hänsynstagande till andra.

Blodmat i olika former är en viktig del av gammal nordisk och svensk matkultur – blodkorv, blodpalt, blodpudding mm. Men kan en kristen i Sverige i dag äta blodmat med gott samvete? Ja, självklart, tycker nog de flesta yngre människor i församlingarna i dag. Men det var nog otänkbart för väldigt många i frikyrkan för några årtionden sen (och för somliga än i dag) att äta blodmat, eftersom det står i föreskrifterna i Apg 15.

Teologi och lära och förkunnelse lever inte i ett vakuum. Bibelordet och det kristna livet i lydnad mot den helige Ande ska fungera lokalt över hela världen. En intressant och i mina ögon viktig slutsats är, att missionsarbetet och andra länders och kulturers kristna bidrar till helheten i bibelsyn och bibelpraxis och teologi. Det är i mötet med andra religioner, kulturer och synsätt, som teologi och bibelförståelse fördjupas. Paulus, som är den store missionären, är också den i Nya Testamentet som ger oss de mest svindlande insikterna om Guds och frälsningens storhet.

De tidiga och välmenande europeiska missionärerna på 1800-talet och 1900-talet som byggde europeiska kapell och kyrkor i Afrika och Asien och använde europeiska psalmer i översättning och västerländska kyrkokläder och seder, de byggde verkligen Guds Rike och spred evangeliet. Men de spred också alldeles i onödan europeiska sedvänjor och värderingar.

Det tragiska är, att än i dag när majoriteten av världens växande kristna befolkningen finns i Afrika Asien och Latinamerika, så är vår bild av kristendom fortfarande väldigt europeisk eller amerikansk. Och många stora gudsmän och gudskvinnor från andra länder med oerhörd insikt i Guds rådslut och med överväldigande erfarenheter får sitta som dekoration i våra europeiska konferenser och gudstjänster och får i bästa fall ge en hälsning eller tala i tio, femton minuter.

Bibelordet är evigt och allmängiltigt, men det är i det kristna livets vardag och kamp och segrar i olika länder, som teologin får kött och blod och substans och också når sina höjder och djup.

Vi återvänder till femtonde kapitlet i Apostlagärningarna och det nyskrivna brevet och delegationen som utses att tillsammans med Paulus och Barnabas överlämna brevet.

"[30]Så sändes de iväg och kom ned till Antiokia. De kallade samman församlingen och överlämnade brevet. [31]När det blivit uppläst, gladde sig alla över denna uppmuntran. [32]Judas och Silas som själva var profeter förmanade och styrkte bröderna med många ord. [33]När de stannat en tid, lät bröderna dem bryta upp med frid och resa hem till sina uppdragsgivare. [35]Paulus och Barnabas blev kvar i Antiokia, där de undervisade tillsammans med många andra och bar fram evangeliet och Herrens ord." (Giertz)

Judas och Silas blev en förstärkning i Antiokias församlingsliv med sin profetiska och uppmuntrande bibelförkunnelse.

Jag tror att det är viktigt att knyta ihop lärdomarna från det här kapitlet med tankarna på de "självunderhållande, självstyrande och självutbredande" församlingarna.

Samtidigt som de unga församlingarna under det första århundradet av vår tideräkning förväntades ta ansvar själva för sin ort och utåt i trakterna omkring och förväntades hantera sina frågor och problem, så var de inte utan nätverk, stöd och viss "tillsyn". Apostlarna, som grundat församlingen, fanns med i bilden som resurspersoner. Deras brev och deras personliga sändebud och medarbetare kunde vid behov påtala

158

felsteg, missbruk, villoläror och annat.
Inte ens då levde församlingarna var för sig i ett
vakuum eller ett ingenmansland. Man lyssnade till
varandra och allra mest till de erfarna och till
"profeterna och lärarna". Apostlarnas brev lästes girigt i
de olika församlingarna och skrevs av och citerades och
spreds. Jakobs brev till de Jesustroende judarna runt
omkring i Romarriket skulle kunna vara skrivet år 45,
alltså strax innan Paulus och Barnabas reste ut på sin
första missionsresa och några år innan ledarkonferensen
i Jerusalem.

På samma sätt tror jag, att under de första årtiondena då
olika väckelserörelser i vårt land bröt fram och
bönegrupper och missionsföreningar och församlingar
växte upp i olika delar av vårt land, så fanns
"apostlarna" och deras medarbetare och deras skrifter
och predikningar som formande och normgivande
inflytande. Så småningom blev dessa banbrytande
apostlar och pionjärer i vissa fall ledare för samfund.
Och sedan formaliserades det andliga ledarskapet i
styrelser och samfundsledningar under historiens gång
och väckelsens förändring från att vara en radikal
karismatisk rörelse till att bli en traditionsförvaltande
organisation

Också i den svenska pingströrelsen där "samfund" och
"centralstyrning" i många årtionden hade varit
tabubelagt och där " den självständiga lokala och
samfundsfria församlingen" varit honnörsorden, så har
det funnits ledargestalter och "apostlar" som med sin
undervisning i tal och skrift har påverkat tänkandet och
församlingskulturen och i själva verket varit

159

förutsättningen för det ganska homogena nätverket –
den svenska pingströrelsen. Under flera decennier har
de stora missionsåtagandena, massmediaprojekten,
gemensamma skolorna, förlagsverksamheten och inte
minst de statliga bidragen mm givit samfundsliknande
drag och funktioner åt den rörelse, som högljutt och
principiellt skyggade för begreppet samfund.
I ett par årtionden har också den svenska pingströrelsen
mer och mer fått samfundets struktur, låt vara
inofficiellt.
Sedan några år finns en mera uttalad samfundsstruktur i
Pingströrelsen med Pingst Fria Församlingar i
Samverkan och Trossamfundet Pingst. Majoriteten av
de svenska pingstförsamlingarna har gått med i det
officiella nätverket / samfundet.
En del pingstförsamlingar står utanför, samtidigt som
de fortsätter använda det mesta av nätverkets resurser
och förmåner, som de sen länge vant sig vid. I själva
verket har de ju redan sedan lång tid varit en del av det
inofficiella men ändå verkliga samfundsnätverket. För
dessa församlingar kan nu läran om den fria och
obundna församlingen bli så viktig, att man inte ser
behovet av nätverk, andliga ledare och beroende av
andra.

Det behövs nätverk och strukturer, tror jag. Det behövs
också i vår tid andefyllda profeter och lärare, som
förutom att finnas i sitt lokala sammanhang, också kan
vara en välsignelse för många församlingar. Jag tror
också att flera av dessa verkliga profeter och lärare och
apostlar finns i de stora kyrkorna (och ibland i de små)
och på samfundsledningarnas kontor. Och alla vi ledare
i de olika lokala församlingarna behöver kalla till oss

dessa Guds tjänare och lyssna till deras undervisning och erfarenheter. Det förminskar på inget sätt möjligheten att vara en fri och aktiv lokal församling.

Och kanske ännu mer än bra centrala strukturer och arbetsredskap och material behövs det självständiga, handlingskraftiga, lokala församlingar, som råder över sitt öde och som ledda av Guds Ande är självunderhållande, självstyrande och självutbredande. Jag för min del tror att nätverk och samfundsstruktur inte utesluter att det finns fria, självständiga lokala församlingar. Det finns, naturligtvis, alltid en risk att en central organisation kväver friheten, men det är när den börjar äga församlingarna i stället för att betjäna dem. Jag tror också, att en lokal församling aldrig får göra samfundsfriheten och självständigheten till sin religion och identitet. Låt oss reformeras och återfödas inifrån och bli mer lika apostlatidens församlingar! Nära Kristus och nära varandra och beroende av varandra – där finns den största friheten.

ANDLIGA LEDARE

I. En mardröm

Maktbalans

Deras ledarskap var av det balanserade slaget,
neutraliserande på det hela taget.
Det balanserande laget
göt olja på vågorna -
också dem som Herren sände -
och byggde vindskydd -
också när Anden blåste-
grep in mot all obalans -
också Herrens dårskap
som frälsar världen.
*
Det är lugnare där nu -
balanserat och stilla,
inga obehagliga överraskningar,
inga behagliga heller för den delen.

Nu samlar man herdar,
har ordning och reda
men en sak är fel:
man saknar inte lammen,
fast lammen saknas-
de små liven,
de bråkiga
och oberäkneliga-
men levande.

Leadership Rap

Ledningens tio i topp
(kan med fördel rappas opp):
Favoritsport - balansgång
Musikstil - svanesång
Hobby - konservering
eller kanske dissekering
Husdjur - budget,
inte värst fet
Favoritband - Status Quo
Kärt spel - Monopol
Älsklingsstol - långbänk,
jättejättelång bänk
Senast lästa bok -
"Hur jag blev lugn och klok"
Populär profession -
administration
Slogan som är kär -
"Det är väl bra som det är?"

II. En önskedröm

Sanna ledare

Inga skrivbordsbyråkrater
med direktionsrumslater
eller styrelserumsstrateger
fjärran från kamp och seger
nej - kämpande frontsoldater.

Sanna andliga ledare

163

leder framifrån fronten -
risktagare,
bedjare,
trons våghalsiga äventyrare,
ledare i lovsång
i hänförelse
i varma relationer
och Jesusvittnande

Inte kontrollanter
av andras lovsång eller tjänst
men ivriga praktikanter
riskerande
misslyckande
mer rädda om Hans ansikte
än om sitt eget

Det är såna ledare som får höra
den störste Ledaren säga:
"När du en gång har vänt tillbaka,
så styrk dina bröder!
Följ du mig!"
Det är de som en dag får höra:
"Du är en god och trogen tjänare.
Gå in till glädjen hos din Herre."

(Ingvar Holmberg 1995)

Samtalsfrågor

1 Om det skulle uppstå större problem i församlingen, hur bör de lösas?

2 Ser ni er egen församling / kyrka i första hand som en del av ett samfund eller i första hand som en del av församlingen/ kyrkan på orten?

3 Vilka poänger ser ni med att det finns ett samfund eller ett gemensamt nätverk?

17 Att forma ledare och team

I Apostlagärningarnas femtonde kapitel har vi följt
"radarparet" Paulus och Barnabas efter återkomsten till
Antiokia efter sin gemensamma innehållsrika
missionsresa. De har också tillsammans varit
nyckelpersoner i att stå emot felaktiga judiska
strömningar, som hotat att leda församlingarna fel
genom att kräva att kristna av ickejudisk härkomst
skulle följa judiska regler för att vara "sanna kristna".
Nu har den krisen blåst över för den här gången, och
lugnet har sänkt sig över deras arbete i Antiokia. Och
nu, när nästa missionsresa blir aktuell, så blir det en
konflikt mellan Paulus och Barnabas om hur man ska
forma teamet.

"[36]Efter någon tid sade Paulus till Barnabas: "Låt oss
resa ut igen och se hur det står till med bröderna i alla
de städer där vi har förkunnat ordet om Herren."
[37]Barnabas ville att Johannes som kallades Markus
också skulle följa med. [38]Men Paulus hävdade att den
som hade övergett dem i Pamfylien och inte stannat hos
dem i deras arbete, den skulle de inte ha med sig. [39]Det
kom till ett så häftigt uppträde att de skildes åt.
Barnabas tog med sig Markus och seglade över till
Cypern. [40]Paulus däremot utsåg Silas till sin
följeslagare, och sedan bröderna överlämnat honom åt
Herrens nåd bröt han upp. [41]Han reste genom Syrien
och Kilikien och styrkte församlingarna där." (2000)
Olika bibelöversättningar använder olika uttryck för
den här konflikten mellan Paulus och Barnabas. Här i
Bibel 2000 står det "häftigt uppträde", och den kallas

"skarp tvist" (Folkbibeln) och "skarp motsättning" (Giertz).

Den radikale och orädde Paulus ville inte ha med någon som var vek och rädd för svårigheter. Barnbas "Uppmuntraren" ville däremot att Johannes Markus skulle få en ny chans och såg i honom större möjligheter till mognad och utveckling. Dessutom var ju Johannes Markus en nära släkting till Barnabas. Det som sker här är inte en skam för kristen gemenskap och visar inte att Paulus och Barnabas var dåliga kristna och dåliga ledare. Snarare är det så att de båda är trogna sin egen kallelse, och i själva verket bildas här två team som reser åt var sitt håll och som utför Guds verk med de gåvor och den utrustning de har.

Barnabas tar med sig Markus till sin egen hemö Cypern för att forma och utveckla honom vidare och ser till att Markus tjänst inte får ett snöpligt slut.

Paulus får i Silas en ny kamrat och medarbetare. Silas hade ju följt med från Jerusalem till Antiokia med brevet och efter att ha förkunnat och tjänat ett tag i Antiokia med sin profetiska och uppmuntrande förkunnelse hade han vänt tillbaka till Jerusalem. Tydligen har han sen återkommit till Antiokia och gått in i arbetet där igen. Nu välsignas det här nya missionärsteamet och sänds iväg på den tilltänkta resan - att åka tillbaka till platserna där man startat församlingar och styrka och hjälpa dem. De är ju från olika församlingar (Antiokia och Jerusalem) och visar i sitt kompanjonskap, att den judekristna och den hednakristna delen av den kristna församlingen hade förenats i samsyn. De reser landvägen och kommer till Derbe, Lystra och Ikonien i omvänd ordning mot förra resan. Apostlagärningarna kapitel 16 berättar vidare:

"¹Så kom han till Derbe och till Lystra. Där fanns en lärjunge som hette Timotheos, vars mor var kristen judinna medan fadern var grek. ²Han hade gott namn om sig bland bröderna i Lystra och Ikonion. ³Denne Timotheos ville Paulus ha med sig på resan, och med hänsyn till judarna i de trakterna tog han och omskar honom; alla kände ju till att hans far var grek. ⁴De reste från stad till stad och meddelade bröderna de föreskrifter som apostlarna och de äldste i Jerusalem hade utfärdat och som man skulle iaktta. ⁵Församlingarna befästes i tron och fick för var dag allt fler medlemmar. " (2000)

Här får Paulus en ny ung medarbetare på resan. Det är Timoteus som förmodligen bara är en tonåring när Paulus tar med honom på resan. Timoteus är den förste vi träffar på som nämns som andra generationens kristna. Hans mor Eunike och mormor Lois hade blivit kristna och haft ett gott inflytande på honom. Hans pappa var grek. Paulus gör något märkligt här, kan det tyckas. Innan han tar med Timoteus på resan låter han omskära honom, så att han liksom blir en riktig jude. Det är väl märkligt med tanke på att ledarkonferensen i Jerusalem ganska nyligen hade enats om att hedningarna inte behövde omskäras för att vara sanna kristna. Till den konferensen hade Paulus dessutom tagit med sig en grekisk troende och medarbetare, Titus. I Galaterbrevet kapitel två berättar han nästan triumferande, att han i Jerusalem inte alls fick några anmärkningar eller påpekanden om att det skulle vara olämpligt att Titus var med. Titus nämns flera gånger till i Paulus brev. I andra Korintierbrevets åttonde och nionde kapitel får vi klart för oss att Titus är Paulus särskilda sändebud till församlingen i Korint. Dessutom är ju ett av Paulus brev adresserat till Titus. Då är han kvarlämnad på Kreta för att han ska organisera församlingarna där och tillsätta äldste i dessa församlingar.

Men Timoteus ska resa med Paulus på den här missionsresan och följa med honom som lärling och medarbetare. Då är det naturligtvis viktigt att judarna i synagogorna ska acceptera honom. Han är en bro både till judar och greker, och han blir efterhand Paulus allra närmaste medarbetare och arvtagare och andlige son. Han får de allra varmaste rekommendationer och omdömen av Paulus i flera brev. Dessutom är han mottagare till två av Paulus brev i vårt Nya Testamente. 1:a och 2:a Timoteusbrevet är två av de så kallade pastoralbreven, där Paulus påminner om och undervisar om församlingsstruktur och insättande av församlingsledare (äldste) och församlingstjänare (diakoner).

Men vad hände med Barnabas och Markus, då? Försvinner de ut ur Nya Testamentets berättelser? Träffar Paulus dem någonsin igen? Ja, det intressanta är, att man kan spåra rätt på det här i de olika delarna av Nya Testamentet. Fast Paulus inte reser med Barnabas längre, nämner han honom i positiva ordalag till församlingen i Korint flera år efter det att han och Barnabas har gått skilda vägar. I 1 Kor kapitel 9:6 berättar han att han och Barnabas har satt sin ära i att försörja sig själva och inte förvänta sig någon lön eller underhåll från församlingarna de hjälper. Också när det gäller Markus så ändrar Paulus uppfattning längre fram. Det verkar som om Barnabas "fick ordning" på Markus och hjälpte honom att bli en pålitlig och användbar Herrens tjänare. I Kolosserbrevet 4:10 (skrivet av Paulus från fängelse i Rom c:a år 60) står det: "[10]Min medfånge Aristarchos hälsar er, och likaså Markus, Barnabas kusin. För hans del har ni redan fått anvisningar: ta väl emot honom om han kommer." (2000).

Och i det man tror är Paulus sista brev, 2 Timoteusbrevet, skrivet från fängelset kanske år 64 strax innan Paulus död, där skriver han de gripande orden: "[9]Försök komma hit snart. [10]Demas har av kärlek till denna världen övergett mig och rest till Thessalonike. Crescens har farit till Galatien och Titus till Dalmatien. [11]Bara Lukas är kvar hos mig. Ta med dig Markus hit, han är till god hjälp i mitt arbete. [12]Tychikos har jag skickat till Efesos. [13]När du kommer, ha då med dig manteln som jag lämnade kvar i Troas hos Karpos, och så böckerna, framför allt mina häften." (2000)

Paulus tänkte om, när det gällde Markus. Det var nog så, att Paulus hade rätt i att Markus inte passade som hans följeslagare på pionjärresorna. Paulus gick efter sin kallelse och personlighet. Och tack vare att Barnabas gjorde det, som var hans kallelse, så räddades Markus till fortsatt tjänst och välsignelse. Markus, det var han som skrev Markusevangeliet, det kortaste och enklaste evangeliet som var riktat till ickejudar. Bibelforskarna tror, att Markus så småningom var tillsammans med Petrus en hel del, och att det är Petrus ögonvittnesskildringar som är sammanställda till Markus evangelium.

Det är många både män och kvinnor som finns inflätade i Paulus liv och tjänst i de olika delarna av Romarriket. När man lägger pussel med de olika uppgifterna i Apostlagärningarna och breven så ser man det. Jag vill gärna i det här kapitlet ge ett exempel på en kvinna som står högt i anseende och tillgivenhet hos Paulus. Hon bor i Kenchreai, en hamnstad nära Korint i Grekland. Hennes funktion i församlingen där är som diakonissa eller församlingstjänare. Hon nämns i Romarbrevets sextonde kapitel, där Paulus efter all bibelundervisning ger en rad personliga hälsningar och meddelanden.

"[1]Jag vill lägga ett gott ord för vår syster Foibe (Febe), som tjänar församlingen i Kenchreai. [2]Ta emot henne i Herren på ett sätt som anstår de heliga. Hjälp henne med allt hon kan begära av er. Hon har själv varit ett stöd för många, också för mig." (2000)

Är det inte i själva verket så, att denna Febe är Paulus personliga budbärare och överlämnare av Romarbrevet till de kristna i Rom? Paulus skriver det här brevet omkring år 56-57 från Korint, när han planerar att resa till Rom. Han vill skicka brevet i förväg för att presentera sitt budskap och sig själv. Kanske är det så att Febe har varit i Rom eller har släktingar där. Om hon är församlingstjänare, så kan hon mycket väl vara en änka i 60-årsåldern med stor erfarenhet och andlig kunskap. Henne kan Paulus lita på, så han skickar henne med denna dyrgrip, brevet som på ett sånt fantastiskt sätt undervisar om Guds storhet och frälsningsplan. Paulus tänker sig ju till Jerusalem först, innan han reser till Rom.

Ja, vi kan inte säkert veta allt det här, men säkert är att Paulus hade många kvinnor bland sina betrodda medarbetare.

Vi lär oss mycket av anteckningar och kommentarer "i förbifarten" i Nya Testamentet. Mentorskap och handledning och sammansättande av fungerande arbetslag och team, i alla de frågorna har vi mycket att lära av apostlatidens kristna.

Timotheos

I vårt språkbruk en påläggskalv,
för Paulus en andlig son,
en ung, formbar man,
hälften jude och hälften grek,
den lämpliga ledaren
i det första århundradets kyrka.
Paulus' lärjunge
och lojale medarbetare
formades utan att själv veta om det
till pionjärapostelns arvtagare,
inte lika dynamisk och explosiv
men kanske till en ännu bättre herde,
en mogen och tålmodig församlingsledare.
Paulus skrev många brev.
Kanske var det levande brevet Timotheos
det allra bästa.

(Ingvar Holmberg 1998)

Här gäller inte man och kvinna

Text & musik: Ingvar Holmberg (1979)

Refr: Här gäller inte man och kvinna,
inte att tävla mot varann.
Här gäller tjäna, vårda, vinna
och hjälpa till så gott man kan.
Det gäller både man och kvinna -
att vara öppen för varann,
att en gudomlig uppgift finna,
som Kristus lagt uti vår hand.

1 En Herre tjänar vi ju alla.
Han har en plan för var och en.
Och när Han valt att på oss kalla,
så får vi gå till uppgiften.
Hur än Hans rika gåvor delas,
så får vi bara ta emot.
Och genom oss ska världen helas.
Ja, ondskan krossas av vår fot.

2 I våra hem, i samhällslivet,
ska Kristus prisas av Hans folk.
Med allt det själviska fördrivet,
så kan vi vara Herrens tolk.
Profeter och evangelister
ska tala Herrens klara Ord.
Och lärare avhjälper brister,
och herdar leder Herrens hjord.

För att lyssna på en ljudfil:
https://youtu.be/8BO-orkYIW4

Här gäller inte man och kvinna

Text & musik: Ingvar Holmberg 1979

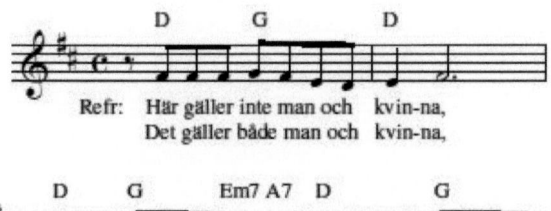

Refr: Här gäller inte man och kvin-na,
Det gäller både man och kvin-na,

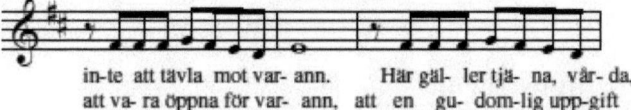

in-te att tävla mot var- ann.   Här gäl- ler tjä- na, vår- da,
att va- ra öppna för var- ann,   att en gu- dom-lig upp-gift

vin- na,   och hjäl- pa till så gott man kan.
fin- na,   som Kris- tus lagt u- ti vår hand.

En Herre tjänar vi ju alla.	Han har en plan för var och
Hur än Hans rika gåvor delas,	så får vi ba - ra ta e-
I våra hem, i samhällslivet,	ska Kristus pri -sas av Hans
Profeter och evange- lister	ska ta - la Her-rens kla- ra

175

Samtalsfrågor

1 I konflikten mellan Paulus och Barnabas, anser ni att de båda handlade riktigt? Finns det negativ "personkemi" eller borde vi kristna kunna överbrygga sånt?

2 Finns det i vår församling / kyrka en bra balans i ledarskapet där också kvinnor och människor med invandrarbakgrund finns med?

18 Ledd av Anden

"[6]De tog sedan vägen genom Frygien och Galatien eftersom den helige Ande hindrade dem från att förkunna ordet i Asien. [7]När de hade nått Mysien ville de bege sig till Bithynien, men det tillät inte Jesu Ande. [8]Då gick de genom Mysien och kom ner till Troas. [9]På natten hade Paulus en syn; en makedonier stod där och bad honom: "Kom över till Makedonien och hjälp oss." [10]När han hade haft denna syn försökte vi genast ta oss till Makedonien, ty vi förstod att Gud hade kallat oss att förkunna evangeliet där. " (Apg 16:6-10 – 2000)

Paulus och Silas och den nye, unge medarbetaren Timoteus reste vidare från Timoteus hemstad Lystra till Ikonium och Antiokia i Pisidien. Det var tydligen lyckat och intressant, för Apostlagärningarna summerar det med orden " [5]Församlingarna befästes i tron och fick för var dag allt fler medlemmar." Det är lätt att föreställa sig Timoteus lycka över att vara med i det här händelserika sammanhanget tillsammans med två erfarna Herrens tjänare.

Men efter Antiokia hade väl Paulus från början tänkt styra kosan söderut till Perge och vidare genom Mindre Asien, men "den helige Ande hindrade dem från att förkunna ordet i Asien." Då tänkte Paulus om och styrde färden mer norrut och tänkte sig in i Bitynien (söder om Svarta Havet). Också då hindrades teamet, för "det tillät inte Jesu Ande".

Hur det här gick till rent praktiskt vet vi inte. Vi kan i alla fall tänka oss, att hos den unge Timoteus for alla möjliga tankar genom hjärnan. "Visste inte ens Paulus

och profeten Silas i förväg om vad som var meningen?"
Så styrde de färden västerut mot Medelhavskusten.
Fortfarande verkade inte Paulus eller Silas ha någon
klar tanke om vart de skulle egentligen. Vad tänkte
Timoteus på vandringen?

Hur visade den helige Ande att det var fel med de första
försöken att bestämma resmål? Ibland leder nog Gud
oss genom att dörrarna stängs framför oss, tills vi står
framför en öppen dörr och går genom den. För mig
leder uttrycken "den helige Ande hindrade" och "det
tillät inte Jesu Ande" mer att tänka på inre oro och
tvekan än på rent fysiska hinder. Kanske fick teamet
bara en stark känsla av att det var fel, när de tänkte
styra färden åt ena eller andra hållet. Kanske var det ett
inre "stopptecken".

Det viktiga i det här stycket är kanske att Andens
ledning inte innebär en detaljerad plan långt i förväg.
En ficklampa eller fackla eller oljelampa, som är tänd i
mörkret för att visa vägen, lyser bara upp en liten bit i
taget eller några steg i sänder. Men går man framåt en
bit så får man mer ljus över vägen.
När de kom fram till Troas vid kusten, så fick Paulus
direkt den där synen om natten, då en makedonisk man
stod och sa: "Kom över till Makedonien och hjälp oss."
Och så hade man fått Andens tydliga ledning till nästa
etapp på resan – en öppen dörr efter flera stängda
dörrar.
När teamet köpte biljett på ett fartyg till Neapolis och
steg iland i Makedonien hade de också kommit till
Europa och till den norra delen av Grekland. Det första
konkreta missionsteamet till Europa kom för att några

människor lät sig ledas av den Helige Ande. Ibland har jag hört att "Apostlagärningarna" kanske egentligen borde kallas "Den Helige Andes gärningar". Det är för att markera att den helige Ande är den styrande, den som har initiativet. Jesus sa: "8 Men när den helige Ande kommer över er, ska ni få kraft och bli mina vittnen i Jerusalem, i hela Judeen och Samarien och ända till jordens yttersta gräns." (Apg 1:8 SFB 2015). Detta innebär ju inte, att Gud ger sina tjänare ett slags turbo, som står till deras förfogande, vad de än beslutar att göra. Paulus och Barnabas var "utsända av den helige Ande" (Apg 13:4), och den helige Ande vill än i dag sända och leda sina tjänare. Han väntar sig inte viljelösa robotar som saknar egen initiativkraft och fantasi och stark vilja. Jag tror Han gläds över våra drömmar och planer och tankar. Men Han vill att vi ska vara lyhörda för Hans ledning.

Hans ledning kan vara en syn, en profetisk ingivelse eller ett profetiskt tilltal genom någon annan. Den kan också ske genom en inre oro eller varning – ett "nej!" eller ett "vänta!". Jag tror den också kan ske genom att dörrarna försmädligt slås igen framför näsan på oss. Anden leder tydligen ganska ofta en liten bit i taget.

Jag tror inte det är fel att formulera visioner och strategier och mål och delmål. Ettårsplaner och femårsplaner behöver inte vara ogudaktiga. (Det är ju inte säkert, att de är särskilt gudfruktiga heller!) Det viktiga är kanske, att dessa visioner och strategier och mål formuleras efter mycket bön och också med stor ödmjukhet och vilja att ändra våra planer. Det är nog också viktigt, att vision och huvudmål har fötts ur tidlösa bibliska sanningar och formuleras kortfattat och "slitstarkt", och att strategier och delmål inte är ristade i

179

sten.

Låt oss läsa vidare om Andens ledning med Paulus och hans team och om hur den makedoniske mannen visade sig vara en kvinna. En intressant formulering i fortsättningen är att Lukas, författaren till Apostlagärningarna, plötsligt börjar skriva "vi". Var det kanske i Troas, som han kom med i teamet och blev följeslagare och krönikör - "Lukas, den älskade läkaren", som Paulus kallar honom (Kol 4:16)?

"[11]Vi lade alltså ut från Troas och seglade rakt över till Samothrake och nästa dag till Neapolis. [12]Därifrån fortsatte vi till Filippi, en stad som ligger i första makedoniska distriktet och är en romersk koloni. Där stannade vi några dagar. [13]På sabbaten gick vi ut genom stadsporten och ner till en flod, där vi trodde att det skulle finnas ett böneställe. Vi satte oss där och talade till de kvinnor som hade samlats. [14]En av dem hette Lydia. Hon var från Thyatira och handlade med purpurtyger, och hon hörde till de gudfruktiga. När hon nu lyssnade öppnade Herren hennes hjärta så att hon tog till sig det som Paulus sade. [15]Hon och alla i hennes hus blev döpta, och sedan bad hon oss: "När ni nu har blivit övertygade om att jag tror på Herren, kom då och bo hos mig." Och hon gav sig inte." (2000)

Vi vet inte, om Paulus och teamet bara inte kunde finna någon synagoga i Filippi, eller om det kanske inte fanns någon synagoga i närheten. (I sjuttonde kapitlet går resan vidare genom ett par städer till Tessalonike. Om Tessalonike sägs "där judarna hade en synagoga")

De hör i alla fall om ett böneställe vid floden och går dit på sabbaten och samtalar med kvinnorna, som var samlade där. (Var fanns männen, förresten, och varför

180

är det nästan alltid färre män än kvinnor också i vår tids bönesamlingar?) Där blev de också bekanta med den välbärgade och andligt öppna Lydia. Hon tog emot evangeliet och frälsningen och dopet och tog också emot missionärsteamet i sitt hem. Där blev det tydligen både bostad för teamet och lokal för församlingens möten att döma av v 40 "de gick hem till Lydia där de träffade bröderna..." Sen leddes Paulus och Silas av Anden på underliga vägar till att ge en stackars slavflicka befrielse från en spådomsande. Detta ledde till häktning och dom och spöstraff och fängelse. Och sen blev det en fantastisk befrielse också som avslutning på vistelsen i Filippi. Må vi som enskilda och församlingar på 2000-talet ha ödmjukhet och mod att låta den Helige Ande leda oss! Vågar vi låta Anden bli mer än en dekoration eller en atmosfärsfaktor i våra liv och vår församlingsverksamhet? Har vi mod att invänta Hans klarsignal och inte rygga för problemen Han leder oss rakt in i? Då kommer Han också att leda oss igenom och framåt.

Inte utan dig, Gud

(Text & mel: Ingvar Holmberg)
Inte utan dig, Gud, inte utan dig!
Inte ett steg, Gud, utan din Ande (inte ett steg)!
Kom, helige Ande, kom, helige Ande!
Inte ett steg utan dig, inte ett steg utan dig!

För att höra sången: https://youtu.be/7Ibl0ju__y8

Samtalsfrågor

1 Berätta kort för varandra tillfällen och händelser då ni tydligt upplevde Andens ledning.

2 Hur tror ni att vi oftare och mer skulle kunna vara tydligt ledda av Anden?

19 Lovsång utan baktankar

Det här kapitlet handlar om lovsång – detta underbara, som ställer till så mycket problem och diskussioner och väldiga känslosvall i så många kyrkor och församlingar i Sverige. Utgångspunkten är Paulus och Silas i den romerska staden Filippi i det grekiska Makedonien. Vi låter Bibeln själv i Apostagärningarna sexton berätta händelseförloppet, och sen återkommer vi till ämnet lovsång.

"[16]Nu hände sig att vi på väg till bönestället möttes av en slavflicka som var besatt av en spådomsande och skaffade sina ägare goda inkomster genom att förutsäga framtiden. [17]Hon följde efter Paulus och oss andra och ropade ideligen: De här männen är tjänare åt Gud den Högste! De förkunnar för er en väg till frälsning! [18]Så gjorde hon flera dagar å rad. Paulus blev illa berörd och vände sig om och sade till anden: Jag befaller dig i Jesu Kristi namn: Far ut ur henne! Och i samma stund for den ut. [19]När hennes ägare såg, att deras hopp om förtjänst hade farit sin väg, grep de Paulus och Silas och släpade dem inför magistraten på torget. [20]De ledde dem fram inför stadens styresmän och sade: De här människorna ställer till oreda i vår stad. De är judar. [21]De förkunnar ett sätt att leva, som det är förbjudet för oss att anta och tillämpa, vi som är romare. [22]Också folket på torget vände sig emot dem, och domarna lät slita kläderna av dem och befallde att de skulle piskas med spön. [23]Sen de givit dem många slag, kastade de dem i fängelse och befallde fångvaktaren att hålla dem

183

ordentligt inspärrade. ²⁴När han fick så stränga order, satte han dem i fängelsets innersta rum och skruvade fast deras fötter i stocken.

²⁵Vid midnattstiden bar Paulus och Silas fram sina böner och sjöng lovsånger till Guds ära, medan fångarna lyssnade till dem. ²⁶Då kom plötsligt ett kraftigt jordskalv så att fängelset skakades i sina grundvalar. Alla portarna sprang upp och bojorna lossnade på dem alla. ²⁷Fångvaktaren väcktes ur sin sömn, och när han såg att fängelseportarna stod öppna, drog han sitt svärd och tänkte döda sig själv, övertygad som han var att fångarna hade flytt. ²⁸Men Paulus ropade med hög röst: Gör dig inte något ont, vi är alla här! ²⁹Då bad han om ljus och störtade in i fängelset och föll darrande ned inför Paulus och Silas. ³⁰Sen ledde han ut dem och sade: Ni herrar, vad skall jag göra för att bli frälst? ³¹De svarade: Tro på Herren Jesus så blir du frälst, du och ditt hus. ³²Och de förkunnade Guds ord för honom och alla dem som fanns i hans hus. ³³Så tog han dem med sig mitt i natten och tvättade av blodet efter spöslagen och blev sen på stället döpt med hela sin familj. ³⁴Han bjöd dem in i sitt hem och dukade fram en måltid och fröjdade sig med alla de sina över att ha kommit till tro på Gud.

³⁵När det blev dag skickade styresmännen i staden dit sina rättstjänare och lät säga: Släpp ut de där karlarna. ³⁶Det budet framförde fångvaktaren till Paulus och sade: Myndigheterna har gett befallning att ni skall släppas. Gå nu alltså ut och dra vidare med frid. ³⁷Men Paulus svarade dem: De har offentligen låtit oss slita spö, utan dom och rannsakning, fastän vi är romerska

medborgare, och sen har de kastat oss i fängelse. Och nu vill de skicka iväg oss i smyg. Nej tack - de får allt komma själva och hämta ut oss. [38]Det beskedet framförde rättstjänarna till stadens styresmän, som blev förskräckta när de hörde att det rörde sig om romerska medborgare. [39]De kom och bad dem inte ta illa upp och följde dem ut och anhöll att de ville lämna staden. [40]När de alltså kommit ut ur fängelset, gick de hem till Lydia där de träffade bröderna. De tröstade och förmanade dem och drog sen vidare." (Giertz)

"Lovsång utan baktankar" - så kallar jag kapitlet om lovsång. Mitt intryck är nämligen att vi nuförtiden i så många kristna församlingar – speciellt i frikyrkan – har "kapat" lovsången och gjort den till vårt byte. Men lovsången tillhör Gud, och jag tror det bedrövar och upprör Honom att vi, Hans barn, gör lovsången till vår egendom och gör den till vårt redskap eller vapen och dessutom är oense med våra systrar och bröder om hur lovsång ska vara. Vi bygger barrikader utifrån våra uppfattningar om lovsång och ser nästan dem som har andra uppfattningar som fiender.

Vi har hört engagerad undervisning om hur lovsång är ett andligt vapen, som bryter ner ondskans motstånd. Vi hör, att genom lovsång bygger vi en tron åt Gud att regera från. Lovsången ska bygga upp tron och atmosfären i församlingen, så att vi kan predika bättre, be starkare och uppleva mera med Gud.
Och lovsången, som ska höjas till Gud samfällt av en tillbedjande och hänförd församling, blir ofta en stil, ett sätt att sjunga, som skapar identitet åt somliga och

främlingskap och frustration för andra. Lovsång blir en musikstil i stället för en livsstil, en lovprisande livshållning som uttrycks med all den variation och fantasi i stilar och modeller, som människor i olika åldrar och med olika smaker kan frambringa.

När Paulus och Silas har kastats i den inre fängelsehålan, blödande och med fötterna fastlåsta i stocken, så är deras lovsång och böner inte några vapen eller redskap för att åstadkomma något för dem själva eller deras situation. Deras lovsång är utan baktankar. Det finns ett "Halleluja i alla fall" genom hela Psaltaren och de andra lovsångerna och bönerna i Bibeln. Det är ett slags obändigt trots, som resulterar i att man prisar Gud ändå. Gud är värd att tillbe och tacka och älska också i lidandets och motgångens stund. Han har redan gett oss så mycket, att vi aldrig kan betala igen det på något sätt. Lovsången är absolut inget manipulerande av Gud för att förmå Honom att göra en snabbutryckning. Lovsång är vår livshållning. Han är vår Herre. Vi har valt att lyda Honom, följa och tillbe och hylla Honom – så länge vi lever och i alla sfärer i livet.

Det gladde Gud att Paulus och Silas sjöng i fängelset. Han gillade sången och sjöng tredjestämman och stampade takten till. Och plötsligt bröt Guds Rike in i fängelset. Dörrar öppnades, och bojor löstes. Och atmosfären blev härlig, och tron växte. Allt det där är sant. Allt det där händer ofta, där det är innerlig tillbedjan och osjälvisk, äkta lovsång.

Men vi får inte göra lovsången till vår egendom. Den är inte vår att konsumera och njuta av för egen del. All ära

tillhör Herren.
Lovsångsteam och lovsångsledare får inte leva sitt eget liv i församlingens gudstjänstliv. De är en del av hela gudstjänsten och ska fungera i lyhördhet och samarbete med förkunnare och mötesledare. De ska se hela församlingen och hjälpa hela den gudstjänstfirande församlingen att delta och hänge sig i en lovsång utan baktankar. Och då måste de som spelar och sjunger vara utan baktankar och egen agenda.

Jag drömmer om gudstjänster där människor i olika åldrar är med, och där det är en salig blandning av psalmer, läsarsånger, medryckande sånger och stilla sånger. Det kan vara inslag av koral, gospel, jazz, rock, visa och klassisk musik. All sång och musik i en gudstjänst är till Guds ära, och jag tror att vi också behöver sånger med en vittnande och förkunnande inriktning. De sångerna kan både Gud och människor njuta av. Det är i alla fall enligt min mening inte tecken på någon högre andlighet att bara sjunga en rad lovsånger, där kanske det inte ens är så att Gud är det primära intresset. Det kanske ibland alltför mycket handlar om vår egen musiksmak eller vilja att agera eller stå i rampljuset.

Modern lovsång

Vi tillber dig
Vi prisar dig
Vi sjunger och dansar
och uttalar stora ord
om vad vi gör för dig
Vi har ditt bästa för ögonen
Vi är här och vi sträcker våra händer till dig
Vi tror du är tacksam

*"Ha bort ifrån mig dina sångers buller, jag gitter inte
höra ditt psaltarspel."* (Amos 5: 23)

(Ingvar Holmberg 1999)

Radiotystnad

Mil efter mil
timme efter timme
ensam i bilen.
Jag njuter av tystnaden -
bilstereon avstängd
fast inspelningarna med lovsång
och gospel finns där,
fast radion sänder hela tiden
och nyheter varje timme.

Att konsumera lovsång
ligger inte för mig.
Hellre nynnar jag,
trallar och sjunger högt
och ber och funderar
eller bara sitter tyst
mil efter mil
i Hans närvaro.

Må Han lyssna och njuta -
den rättmätige Ägaren
med ensamrätt på
konsumtion av lovsång.

(Ingvar Holmberg 1996)

189

Längs en nypudrad väg

Längs en nypudrad väg
efter en snöig natt i slutet av januari
går jag ner mot stan i solskenet.
Också jag har min walkman,
fast inom mig.
Hörsnäckan syns inte för någon betraktare,
men jag njuter av musiken,
alldeles upprymd,
lätta steg i den vita snön,
universums klarblå iris över mig
förmedlar intensiv faderskärlek.
Barnjollret bubblar inom mig,
kommunikationen uppåt fungerar.
Jag känner banden bakåt
tillbaka till Petrus, Maria och de andra,
anar förbindelsen framåt
ända in i en nyskapad värld,
lever nu, just i det här ögonblicket,
i tidlös musik.

(Ingvar Holmberg 2000)

Halleluja i alla fall

(Sång av Ingvar Holmberg)

1. Ofta går det snett. Det som vi ville det blev inte rätt.
Frågorna står kvar. Länge vi väntar på svar.
Refr: Halleluja i alla fall. Herren lever, Herren verkar.
Halleluja i alla fall. Jag följer honom hur det än går.

2. Luften den gick ur. Segern kom av sig (min vanliga tur!).
Ändå vet jag de': Jesus, min Herre, är me'.

3. Slutet ska bli gott. Kristus har segrat. Hans seger vi fått.
Natten blir till dag. Där i hans solsken står jag.
Halleluja i alla fall. Herren lever, Herren verkar.
Halleluja i alla fall. Jag följer honom hur det än går.

Ljudfil på internet: https://youtu.be/fA7wihc4b-o

Samtalsfrågor

1 Finns det glädje och delaktighet i lovsången i er församling? Är lovsången en livstil med olika typer av musik och sång eller är lovsång en speciell musikstil?

2 Hur kan vi bli mer lovsjungande människor, som inte bara har en massa åsikter om lovsången utan är upptagna med att själva delta så mycket vi kan i att hylla Gud?

20 Att utlägga Skriften och forska i Skriften

Vilken relation hade man till Skriften, det vill säga Bibeln, i Apostlagärningarnas församlingar, och vilken relation har vi till Skriften i våra församlingar? I Apostlagärningarna kapitel sjutton möter vi två viktiga uttryck: "utlägga Skrifterna" och "forska i Skrifterna".

"De tog nu vägen över Amfipolis och Appolonia och kom till Tessalonike, där judarna hade en synagoga. ²Sin vana trogen gick Paulus dit, och tre sabbater å rad predikade han för dem och utlade Skrifterna. ³Han klargjorde deras mening och visade att Messias måste lida och uppstå från de döda och han sade: Alltså är han Messias, denne Jesus som jag förkunnar för er. ⁴Några av dem lät sig övertygas och slöt sig till Paulus och Silas. Så gjorde också en stor skara av de greker som fruktade Gud och inte så få av de förnämsta kvinnorna. ⁵Då väcktes judarnas avund. De bådade upp löst folk och dagdrivare och ställde till upplopp och oroligheter i staden. De dök upp framför Jasons hus i avsikt att hämta ut Paulus och Silas och låta dem dömas av en folkförsamling. ⁶När de inte fann dem, släpade de Jason och några av bröderna inför domarna och skrek: Nu är de här också, de där världsomstörtarna! ⁷Och Jason har tagit emot dem i sitt hus! Allihopa gör de tvärt emot kejsarens påbud. De säger att det finns en annan som är kung, en som heter Jesus! ⁸Så skrämde de upp folkhopen och domarna, som lyssnade till deras anklagelser. ⁹De lät Jason och de andra ställa borgen för sig, och sedan släppte de dem. [10]Men bröderna såg genast till att Paulus och Silas i nattmörkret skickades iväg till Berea. [11]När de kom dit, sökte de upp synagogan. Judarna där visade sig mer storsinta än i Tessalonike. De tog emot ordet med stor öppenhet och forskade var dag i skrifterna för att se om detta stämde. [12]Många kom till tro bland dem liksom bland de ansedda grekiska kvinnorna och åtskilliga av männen. [13]Men så fick judarna i Tessalonike höra, att Paulus nu predikade Guds ord också i Berea. Då kom de dit och ställde till oroligheter och bråk bland folket också där. [14]Med detsamma sände då bröderna iväg Paulus och lät honom resa ned till havet, medan Silas och Timoteus stannade där de var. [15]De som följde Paulus tog honom med sig ända till Athen och bröt sen upp igen med det beskedet till Silas och Timoteus, att de skulle komma till honom fortast möjligt." (Giertz)

I Tessalonike berättas det att "tre sabbater å rad predikade han för dem och utlade Skrifterna. [3]Han klargjorde deras mening". Vi ser att några slöt sig till Paulus och Silas, och dem undervisade naturligtvis apostlarna intensivt också på övrig tid under dessa drygt två veckor. Det kan man se av Paulus två brev till Tessalonikerna. I dessa brev verkar dessa nyomvända människor vara kunniga, erfarna och aktiva kristna, trots att deras lärare så brådstörtat fick ge sig av i nattmörkret efter bara några få dagars arbete i deras stad.

Så kom man till Berea lite längre söderut. Där var det

193

ett öppnare andligt klimat. "De tog emot ordet med stor öppenhet och forskade var dag i skrifterna för att se om detta stämde. [12]Många kom till tro bland dem..." Sökarna och de som kom till tro forskade var dag i Skrifterna. Det står i texten här, att Paulus predikade Guds ord också i Berea.

Det typiska var alltså bibelförklaringen. Man läste högt ur Gamla Testamentet och kommenterade och förklarade. Paulus som högt bildad jude kunde stora delar av Gamla Testamentet utantill.

Efterhand som de apostoliska breven och andra delar av Nya Testamentet skrevs och skrevs av och spreds, tillkom också dessa skrifter som auktoritet och Guds Ord. Redan omkring år 40 skrev Matteus sitt evangelium i en första version på arameiska, judarnas vardagsspråk. Jakobs brev kom till cirka år 45 och Paulus brev till Galaterna och de båda Tessalonikerbreven år 50. I Petrus brev skrivna i Rom omkring 63-64 finns en mycket intressant passus, som visar att apostlarna och de kristna på den tiden räknade de apostoliska breven som Skriften på samma sätt som Gamla Testamentets heliga skrifter.

"[15]Vår Herres tålamod skall ni betrakta som en inbjudan till frälsning, såsom också vår älskade broder Paulus har skrivit till er med den vishet Gud gett honom. [16]Så säger han i alla sina brev, när han talar om detta. Det finns ett och annat i dem som är svårt att förstå och som okunniga och obefästa människor förvränger, så som de gör också med de andra skrifterna, till sitt eget fördärv." (2 Petr kapitel 3 – Giertz)

De fromma och lärda judarna i synagogan i Berea

kunde forska i Skrifterna och undersöka om Paulus förkunnelse stämde med Skriften. Rent allmänt kunde inte de kristna i de unga församlingarna göra det. De handskrivna, minutiöst kopierade bibelböckerna på pergament eller papyrus var minsann inte var mans egendom i antiken. Men man lyssnade säkert ivrigt till bibelläsningen i gudstjänsterna, och Paulus brev och de andra nytestamentliga skrifterna som växte fram lästes högt gång på gång och skrevs av och memorerades och blev en del av det man hade i minnet och hjärtat. Några axplock ur Paulus två brev till Timoteus belyser de första kristnas förhållningssätt till Bibeln.

"2 En församlingsledare måste vara oklanderlig, en enda kvinnas man, nykter, förståndig, aktad, gästfri och en god lärare." (1 Tim 3:2 – SFB 2015) "12 Ingen får förakta dig för att du är ung, utan var ett föredöme för de troende i ord och gärning, i kärlek, tro och renhet. 13 Fortsätt att högläsa ur Skriften och att förmana och undervisa tills jag kommer. 14 Försumma inte nådegåvan i dig, den som du fick genom profetord när de äldste lade händerna på dig. 15 Tänk på detta, lev i detta så att alla kan se dina framsteg. 16 Var noga med dig själv och din undervisning och håll troget ut med detta. När du gör det, frälser du både dig själv och dem som lyssnar på dig. " (1 Tim 4:12-16 – SFB 2015) "1 Mitt barn, hämta nu kraft i den nåd som finns hos Kristus Jesus. 2 Det du har hört av mig inför många vittnen ska du anförtro åt pålitliga personer som i sin tur ska kunna undervisa andra." (2 Tim 2;1-2 -SFB 2015) "14 Påminn om detta och uppmana dem allvarligt inför Gud att inte strida om ord. Det gör ingen nytta utan bryter bara ner dem som lyssnar. 15 Gör allt du kan för

att bestå provet inför Gud, som en arbetare som inte behöver skämmas utan rätt delar sanningens ord. 16 Men oandligt, tomt prat ska du akta dig för...."
(2 Tim 2:14ff – SFB 2015)

Till sist tar vi del av ett lite längre avsnitt från 2 Timoteusbrevet, Paulus sista brev och andliga testamente.

"10 Men du har troget följt mig i lära och liv, i målsättning och tro, i tålamod, kärlek och uthållighet, 11 i de förföljelser och lidanden som drabbade mig i Antiokia, Ikonium och Lystra. Vilka förföljelser har jag inte fått utstå! Men Herren har räddat mig ur dem alla. 12 Så kommer alla som vill leva gudfruktigt i Kristus Jesus att bli förföljda. 13 Men onda människor och bedragare ska gå allt längre i sin ondska, de bedrar och är själva bedragna. 14 Du däremot, håll fast vid det du har lärt dig och blivit övertygad om. Du vet av vilka du har lärt det, 15 och du känner från barndomen de heliga Skrifterna som kan göra dig vis så att du blir frälst genom tron på Kristus Jesus. 16 Hela Skriften är utandad av Gud och nyttig till undervisning, tillrättavisning, upprättelse och fostran i rättfärdighet, 17 så att gudsmänniskan blir fullt färdig, väl rustad för varje god gärning.

4 1 Jag uppmanar dig allvarligt inför Gud och Kristus Jesus som ska döma levande och döda, inför hans uppenbarelse och hans rike: 2 predika ordet, träd fram i tid och otid, tillrättavisa, varna och förmana med allt tålamod och all undervisning. 3 Det ska komma en tid då människor inte längre står ut med den sunda läran utan samlar åt sig mängder av lärare efter sina egna

begär, så som det kliar i deras öron att få höra. 4 De vägrar att lyssna till sanningen och vänder sig till myter. 5 Men var du sund och förnuftig på alla sätt. Bär ditt lidande, utför en evangelists gärning och fullgör din tjänst. " (2 Tim kap 3 och 4 – SFB 2015)

Det verkar av Apostlagärningarna och av breven som skrevs under den tiden, som om det är viktigt att predikanten / pastorn / församlingsledaren själv lever i Skriften och ständigt lever i att utlägga Skriften – det vill säga läsa högt ur den och förklara den. Jag minns att man sa om predikanterna, som var någon generation äldre än jag själv: "De har inte så mycket boklig bildning och teologi och kan inte alla teologiska termer. Men om man frågar dem om något i Bibeln, så blöter de på tummen och börjar bläddra i Bibeln. Och så läser de och förklarar."

Det gjorde stort intryck på mig, när jag 1971 som följeslagare och tolk och pianist åt de mera kända pingstpredikanterna Birger Ohlsson och Ingvar Nilsson några dagar medverkade i gudstjänster i Toronto i Kanada i en liten pingstförsamling, som hade rötter i Sydafrika. Deras pastor kom från Sydafrika. I samtalet med honom kom det fram, att den rörelsens pastorsutbildning skedde på ett mycket informellt sätt. Den blivande pastorn fick helt enkelt under ett par år vistas på en gård på landet, där det fanns en del uppbyggelselitteratur och andlig litteratur men inga föreläsningar eller kursplaner. Man skulle helt enkelt läsa Bibeln och umgås med Gud i bön. Pastorn tittade på mig och sa enkelt. "Jag kan min Bibel".

Ett annat minne kommer för mig i direkt anknytning till det här ämnet. År 1974 kom jag tillbaka till pingstförsamlingen i Gävle, där jag haft min första tjänst som lärling och ung förkunnare. I fyra år hade jag varit i liknande tjänst i Eskilstuna samt arbetat som missionär i Sydindien och predikat och predikat igen och undervisat. Pastorerna Josef Östby och Mats Kärnerud hade under min bortavaro från Gävle fått vara med om att starta en ettårig bibelskola i församlingen och utvidga missionsarbetet till nya länder och områden. Ytterligare ett nytt kännemärke i församlingen mötte jag, när jag kom för att efterträda Mats Kärnerud som flyttat till andra uppgifter i en annan stad: Församlingen levde i bibelförklarande undervisning i alla sina gudstjänster. Och jag fick under några år komma in i ett nytt och mycket utvecklande och också vilsamt sätt att predika. I stället för att söka teman och ämnen att predika om, vilket man som förkunnare ibland kan uppleva som lite stressigt, så gick vi igenom den ena bibelboken efter den andra. Vi läste ett helt eller halvt kapitel per gång och förklarade och predikade. Givetvis var det en hel del forskande och sökande och bedjande, när man i "dagens text" mötte saker man aldrig hade talat om förr, men det var väldigt utvecklande. Och jag fascinerades av hur de olika bibelböckerna och kapitlen levde i församlingsmedlemmarnas samtal. Undervisningen spelades in på ljudkassett, och det var stort intresse för att beställa och lyssna på dessa inspelningar. Varje lördagskväll hade vi "Öppen Bibelkväll", dvs bibelförklarande undervisning, och sen på söndagen fortsatte någon av oss med nästa avsnitt, dels på förmiddagen, dels på kvällen. (Detta hände under den tiden, då det oftast var tre gudstjänster på helgen samt ett eftermiddagsmöte på någon utpost på söndagen). Jag minns, att jag efter att ha varit borta en helg, mötte Josef i början på följande vecka. Det var under en period då vi gick igenom Första Korintierbrevet. Han hade haft tre gudstjänster själv den helgen och undervisat ur Korintierbrevet alla tre gångerna, och deltagandet och intresset från församlingens sida hade varit mycket stort. Jag lärde mig mycket genom det här sättet att själv leva med Bibeln och utlägga Bibeln.

Min mening är inte att förhärliga det förflutna och måla en alltför ljus bild och påstå, att det var bättre förr. Jag vill själv leva i nuet och hitta ett sätt för församlingarna i dag att "utlägga Skrifterna" och att "forska i Skrifterna". Jag hade dessutom ingen del i att det var ett sånt "sug" efter Bibeln under de där åren i Gävle, för jag fick ju bara komma in i ett församlingsliv som redan fungerade på det sättet.

Ändå vill jag slå ett slag för den bibelförklarande predikan och undervisningen. Att predika sig igenom några bibelböcker under ett år ger både predikanterna och lyssnarna mycket värdefull näring och kunskap. Som en positiv bieffekt kommer också den personliga bibelläsningen och bibelförståelsen i församlingen att öka.

Ordbehandling

Sitta vid datorn
arbeta med ord
forma tankar
meningar

koncept
att förmedla till andra.

En grundförutsättning:
att Ordet har behandlat mig,
trängt in i mitt liv,
format min tanke,
min mening,
mitt koncept.

Om Ordet är äkta,
omanipulerat,
kan min ordbehandling
beröra och röra,
betyda något,
kanske förändra.

Omvänd ordbehandling
- det enda raka.

(Ingvar Holmberg 1995)

Samtalsfrågor
1 Prata om den "omöjliga" ekvationen att det behövs
mer undervisning och bibelstudier, samtidigt som det
verkar svårt att ha flera gudstjänster i veckan än den på
söndagen! Vad finns det för konkreta lösningar eller
förslag att ge till församlingens ledning?

2 Vad kan vi göra själva för att växa i bibelkunskap och
egen bibelläsning, eget studium?

21 Jesus kommer snart

Herrens ankomst och Guds Rikes övertagande i världen är Bibelns mest återkommande ämne. Här ska vi se lite på hur Apostlagärningarna belyser det.

I Apostlagärningarna har vi kommit till det sjuttonde kapitlet, och där befinner sig Paulus ensam i Aten efter att skyndsamt ha "fösts iväg" dit efter oroligheterna i Tessalonike och Berea.

"15 Paulus vägvisare förde honom ända till Aten och vände sedan tillbaka med besked till Silas och Timoteus att komma till honom så snart som möjligt. 16 Medan Paulus väntade på dem i Aten, blev han upprörd i sin ande när han såg hur full staden var med avgudabilder. 17 Han samtalade därför i synagogan med judarna och med dem som vördade Gud, och dessutom varje dag på torget med dem som han träffade där. 18 Även en del filosofer, både epikureer och stoiker, diskuterade med honom. En del sade: "Vad vill den där pratmakaren säga?" Andra sade: "Han verkar vara en som förkunnar främmande gudar." De sade så eftersom han predikade evangeliet om Jesus och uppståndelsen. 19 Och de tog med honom upp till Areopagen och sade: "Kan vi få veta vad det är för en ny lära du förkunnar? 20 Det är märkliga ting du låter oss höra. Nu vill vi veta vad det rör sig om." 21 Alla atenarna liksom utlänningarna där ägnade nämligen all sin tid åt att tala om och lyssna till det som var senaste nytt. 22 Paulus ställde sig då mitt på Areopagen och sade: "Atenare! Jag ser att ni på alla sätt är mycket religiösa. 23 När jag gick omkring och studerade era gudabilder fann jag nämligen också ett altare med inskriften: Åt en okänd gud. Det ni tillber utan att känna, det förkunnar jag nu för er.

24 Gud är den som har skapat världen och allt som finns i den. Han som är Herre över himmel och jord bor inte i tempel gjorda av människohand. 25 Han låter sig inte heller betjänas av människohänder som om han behövde något, han som åt alla ger liv och anda och allt.

26 Av en enda människa har han skapat alla människor och folk till att bo över hela jorden, och han har fastställt bestämda tider och gränser inom vilka de ska bo. 27 Det gjorde han för att de ska söka Gud och kanske kunna treva sig fram och finna honom, fast han inte är långt borta från någon enda av oss. 28 För i honom är det vi lever och rör oss och är till, så som även några av era egna skalder har sagt: Vi är av hans släkt.

29 Är vi nu av Guds släkt bör vi inte tänka oss att det gudomliga liknar något av guld, silver eller sten, en bild som kommit till av mänsklig konst och fantasi. 30 Gud har länge haft överseende med okunnighetens tider, men nu befaller han alla människor överallt att omvända sig. 31 Han har nämligen bestämt en dag då han ska döma världen med rättfärdighet genom en man som han har utsett, och han har erbjudit tron åt alla genom att uppväcka honom från de döda."

32 När de hörde Paulus tala om uppståndelse från de döda började några håna honom, men andra sade: "Vi vill höra dig tala om detta igen." 33 Med detta lämnade Paulus dem. 34 Men några anslöt sig till honom och kom till tro. Bland dem var Dionysius, som var medlem av Areopagen, och en kvinna som hette Damaris och

några till." (SFB 2015)

Medan Paulus väntar på sina teamkamrater, pratar han med folk om Gud och diskuterar med de diskussionslystna atenarna. Vi får en bra uppfattning om vad det är för ämnen han tar upp i samtalen och i sitt offentliga tal på Areopagen. Bland annat talar han om Herrens ankomst och om uppståndelsen från de döda. En och annan gång har jag hört kollegor klandra Paulus för att han skulle varit lite väl filosofisk i Aten och fördenskull sett dåligt resultat av sin evangelisation. Han skulle sen, när han kom till Korint, ha ångrat sig och bara predikat Kristus och honom såsom korsfäst (jf 1 Kor 2:1ff). Jag tror, att Paulus hade samma budskap i Aten hos filosoferna, som han hade överallt. Vers 18 säger ju tydligt, att "han predikade evangeliet om Jesus och uppståndelsen." Och så talar han alltså om domens dag.... "men nu befaller han alla människor överallt att omvända sig. 31 Han har nämligen bestämt en dag då han ska döma världen med rättfärdighet genom en man som han har utsett, och han har erbjudit tron åt alla genom att uppväcka honom från de döda."

Om man bara söker i Apostlagärningarna efter hänvisningar till Jesu återkomst, så hittar man det inte så väldigt många gånger.
1 Det klara och viktiga budskapet från änglarna i samband med Jesu himmelsfärd är förstås det mest påtagliga. "Denne Jesus som togs upp från er till himlen, han ska komma tillbaka på samma sätt som ni såg honom stiga upp till himlen." (1:11 – SFB 2015)
2 I Petrus tal till den tillströmmande folkmassan

återkommer ämnet.

"19 Ångra er därför och vänd om, så att era synder blir utplånade 20 och tider av nytt liv kommer från Herrens ansikte och han sänder Messias som är bestämd för er, nämligen Jesus. 21 Honom måste himlen ta emot tills de tider kommer då allt det återupprättas som Gud från urminnes tid har förkunnat genom sina heliga profeters mun. " (kap 3 – SFB 2015)

3 Petrus talar också om ämnet i Kornelius hus. "42 Och han befallde oss att predika för folket och vittna om att han är den som Gud har utvalt till domare över levande och döda. " (SFB 2015)

4 Till de nya församlingarna i Lystra, Ikonium och Antiokia i Pisidien säger Paulus och Barnabas: "...Vi måste gå igenom många lidanden för att komma in i Guds rike. " (14:22 – SFB 2015)

5 I avskedstalet till de äldste från Efesus säger Paulus: "32Och nu anbefaller jag er åt Gud och ordet om hans nåd, som har makt att uppbygga er och skänka er det arv som tillhör alla dem som helgats." (Apg 20:32 – Giertz)

6 Paulus säger i Stora Rådet efter sin arrestering i Jerusalem: "Bröder jag är farise en son av fariseer. Det är vårt hopp om uppståndelsen som gör att jag står här inför rätta. 7När han sade detta bröt striden lös mellan fariseer och sadduceer och församlingen delade upp sig. 8Sadduceerna säger nämligen att det inte finns någon uppståndelse..." (kap 23 - Giertz)

7 I sitt försvarstal inför prokuratorn Felix säger Paulus: "14Men det erkänner jag att jag tjänar mina fäders Gud genom att följa Vägen — den som de kallar för ett parti. Jag tror på allt som är skrivet i lagen och profeterna 15och jag har det hopp till Gud som också de

204

har: att det kommer en uppståndelse för både rättfärdiga och orättfärdiga." (kap 24 -Giertz)
8 Inför kung Agrippa talar Paulus om Jesus som den förste som uppstår och pekar alltså på yttersta tingen. "Vad jag har talat är ingenting annat än vad både profeterna och Moses har sagt om det som skulle ske: 23att Messias måste lida och bli den förste som uppstod från de döda för att komma med bud om ljuset både till vårt folk och till hedningarna." (Apg 26:22f – Giertz)

Om man nu ser några konkreta citat i Apostlagärningarna, som uttryckligen nämner Herrens återkomst, så måste man ju också komma ihåg alla tillfällen där det står att evangeliet om Jesus predikades eller budskapet om Guds Rike. I denna förkunnelse var troligen Herrens ankomst ett ofta återkommande tema. Budskapet om Jesu återkomst (som vi i frikyrkan uttrycker det) eller budskapet om Messias ankomst (som judarna skulle säga) finns alltså invävt hela tiden och gång på gång i apostlarnas förkunnelse både till syndare och fromma.
Detta kan vi ju med säkerhet säga, eftersom vi har de nytestamentliga breven, där Herrens ankomst och domen och himlen och den eviga härligheten ofta beskrivs.

Låt oss bara se på exemplet med Tessalonike, där Paulus och hans team bara kunde stanna i två, tre veckor, innan de för att inte bli ihjälslagna måste lämna de nyomvända.
De två breven till Tessalonikerna är skrivna omkring år 50, alltså ganska snart efter att Paulus var hos dem. Några citat visar, att ämnet om Jesu återkomst och de

yttersta tingen var något de hade hört mycket om och visste mycket om.

"7 Så har ni blivit ett föredöme för alla troende i Makedonien och Achaia. 8 Från er har Herrens ord gett eko, inte bara i Makedonien och Achaia, utan överallt har er tro på Gud blivit känd så att vi inte behöver säga något mer. 9 De berättar själva vilken ingång vi fick hos er och hur ni omvände er till Gud, bort från avgudarna, för att tjäna den levande och sanne Guden 10 och vänta på hans Son från himlen, honom som Gud har uppväckt från de döda: Jesus, som räddar oss från den kommande vredesdomen. " (1 Tess kap 1 – SFB 2015)

"1 När det gäller tider och stunder, bröder, behöver vi inte skriva till er. 2 Ni vet själva mycket väl att Herrens dag kommer som en tjuv om natten. 3 När folk säger: "Fred och trygghet", då drabbar undergången dem lika plötsligt som värkarna hos en kvinna som ska föda, och de slipper inte undan. 4 Men ni, bröder, lever inte i mörker så att den dagen kan överraska er som en tjuv. " (1 Tess kap 5 – SFB 2015)

"1 När det gäller vår Herre Jesu Kristi ankomst och hur vi ska samlas hos honom ber vi er, bröder, 2 att inte plötsligt tappa fattningen. Låt er inte skrämmas av någon ande eller av något ord eller brev som påstås komma från oss och som säger att Herrens dag är här. 3 Låt ingen bedra er på något sätt. Först måste avfallet komma och laglöshetens människa träda fram, fördärvets son, 4 motståndaren som förhäver sig över allt som kallas gud eller heligt så att han sätter sig i Guds tempel och säger sig vara Gud. 5 Minns ni inte att jag sade er detta medan jag ännu var hos er? 6 Och ni vet vad det är som nu håller honom tillbaka så att han kan träda fram först när hans tid kommer. " (2 Tess kap 2 – SFB)

Att hela tiden leva sitt liv i ljuset av Jesu snara ankomst och Guds Rikes seger i världen – det var självklart för Apostlagärningarnas kristendom. Jesu snara återkomst och himlens visshet och härlighet och vikten av att ha allting klart med Gud – detta präglade också väckelserörelserna på 1800-talet och 1900-talet. Ämnet om Jesu snara återkomst var det självklara ämnet för åtminstone någon predikan under mötesserien eller bibelstudieveckan. Många av sångerna var om himlen och om allvaret och vikten av att bli frälst i tid. "Innanför eller utanför? Var skall du stå en gång?" Den sången ekar självklart inom mig, när jag tänker på väckelsemötena i min ungdoms pingströrelse på 1960-talet.

Är det i betoningen av Jesu återkomst och förkunnelsen om himmel och helvete som den allra största skillnaden är mellan Apostlagärningarnas kristendom och våra nutida församlingar? Hur ofta predikar vi om de ämnena i dag? Hur mycket sjunger vi om det i dag? Är det så att vi försöker vinna världen för Gud bara genom att tala om förträffligheten i det kristna livet och ljuvligheten i den eviga gemenskapen med Gud? Är inte själva poängen i den "förträffligheten" och "ljuvligheten" att människan är förlorad och går förlorad om hon inte tar emot Jesu blod och försoning och rening och frälsning?

En liten hobby jag har är att stå på stan och sjunga om Jesus någon gång i veckan under den varma årstiden.

Det är inget märkvärdigt, bara något jag tycker är roligt och viktigt. Jag sjunger de välkända sångerna och mina egna, ibland lite udda sånger. De senaste åren har jag ibland sjungit den här texten i de sammanhangen:

Ursäkta mig!

Ursäkta mig! Ursäkta mig!
Ursäkta mig att jag bara berättat för dig halva sanningen!
Visst fick du höra att Jesus ger oss friden, frälsningen?
Han ger oss rum i himlen och ger kraft på vandringen.
Men visste du, att utan honom så är det kört,
vårt paradis förstört,
vi går förlorade för alltid, evigt knäckta?
Det borde jag ha talat om mer klart för dig. Ursäkta!
Ursäkta mig! Ursäkta mig! Ursäkta!

/Ingvar Holmberg 2008/

Alfabetisk psalm

Allting, ja himmel och jord, har du skapat, treenige
Herre.
Bördorna ger jag till dig, Fader i himmelen.
Centrum i alltet du är, min Frälsare, Jesus Kristus.
Du är min källa, min kraft, helige Ande, så ljuv.
Ensam är jag aldrig mer, för du delar mitt liv och min
vardag.
Framtiden lägger jag tryggt i din barmhärtiga hand.
Glädjen du ger mig består, om än motgången ofta
förföljt mig.
Himlen kan ingen ta bort, även om hindren står för.
Ingen fördömelse finns i mitt liv. Jag är frikänd,
befriad.
Jesu försoning och blod skyddar från varje dom.
Korset, som verkar som dårskap, ger mig för evigt
frälsning.
Liv, evigt liv har jag fått, del av gudomlig natur.
Mening med livet jag ser där andra tycks bara se kaos.
"Närmare, Gud, till dig", det är mitt motto nu.
Omvärlden ser jag med kärlek, för det är din värld som
ska räddas.
Persson och Alvarez – personer att ge Guds Ord.
Quito, Karlskrona och Cardiff behöver få höra om
Jesus.
Rening från synd och skuld finns bara i Jesu namn.
Saligheten och nåden finns inte i andra källor.
Trygghet vid livets slut kan bara du oss ge.
Uppstånden är du, o Kristus, och min uppståndelse
kommer.
Vilan i jordens mull blir som en kort sekund.
Xylofoner och pukor, basuner och ljuvliga harpor –
Yr av all himmelsk musik ska jag till festen gå in.

Zenit är Herren Gud, Rättfärdighets-Solen som lyser
Åklagaren är dömd, Ormen är borta nu.
Änglar och människor dansar på evigt grönskande
ängar
Övervinnare nu – med i din seger, Gud.

(Ingvar Holmberg 2001)

Samtalsfrågor

1 Finns Jesu återkomst i våra tankar, ord och planer? På vilket sätt?

2 Vilken typ av förkunnelse och undervisning om Jesu återkomst och de yttersta tingen längtar vi efter? Varför?

3 Behövs det nya sånger om Jesu återkomst eller behöver vi bara komma i gång och sjunga dem som redan finns?

22 Tältmakeri och husförsamling och rörlighet

Från Aten tar sig Paulus över till provinsen Akaja (nuvarande Peloponesos) den 50 kilometer långa sträckan till Korint, Greklands på den tiden största och mest betydande stad. Där fanns på Paulus tid enligt forskarnas beräkningar en befolkning på 250 000 fria medborgare och kanske 400 000 slavar. Det berättas om Korints ledande ställning inom fyra områden :
1 Handel med två hamnar nära och stora vägar som korsades där
2 Kultur. Även om universitetet låg i Aten, så var också Korint en kulturens högborg
3 Religion. Det fanns åtminstone tolv tempel i staden, där det mest kända, eller snarare ökända, var kärleksgudinnan Afrodites tempel med religiös prostitution.
4 Sexuell lössläppthet, säkerligen till stor del på grund av Afroditetemplet. Det fanns ett allmänt använt grekiskt verb "korintisera", vilket betydde "att utöva sexuell omoral".

I Korint möter vi en ny sida av Paulus, hans hantverk som tältmakare. Det var nämligen så att en farisé i Israel var förpliktigad att också kunna ett hantverk, även om han huvudsakligen ägnade sig åt Gamla Testamentet och andliga ting och att minutiöst följa alla tilläggslagar till Mose lag.

"Därefter lämnade han Athen och kom till Korint. [2]Där träffade han en jude som hette Akvila, bördig från Pontos. Han hade nyss kommit från Italien med sin

211

hustru Priskilla, eftersom Klaudius hade befallt att alla judar måste lämna Rom. Till dem slöt sig nu Paulus, ³och eftersom han hade samma yrke stannade han hos dem och de arbetade tillsammans. De var nämligen båda tältmakare. ⁴Var sabbat predikade han i synagogan och försökte övertyga både judar och greker. ⁵När sedan Silas och Timoteus kom ned från Makedonien, kunde Paulus helt ägna sig åt Ordets tjänst och betygade för judarna, att Jesus var Messias. ⁶När de sade emot och for ut i smädelser, sade han till dem: Då får ert blod komma över era egna huvuden. Det är inte min skuld, och från och med nu kommer jag att gå till hedningarna. ⁷Så lämnade han dem och flyttade över till ett hus som tillhörde en viss Titius Justus, en av dem som fruktade Gud. Det huset låg alldeles intill synagogan. ⁸Krispus, som var synagogföreståndare, kom till tro på Herren med hela sitt hus, och många av korintierna som lyssnade till evangeliet, trodde det och blev döpta. ⁹I en syn om natten kom Herren till Paulus och sade: Frukta inte, ¹⁰ty jag är med dig, och ingen skall få dig i sin hand för att göra dig illa. Också i denna stad finns det många som hör till mitt folk. ¹¹Så stannade han ett år och sex månader hos dem och gav dem undervisning i Guds ord." (Apg 18:1ff – Giertz)

Under den här ett och ett halvt år långa tiden kan alltså Paulus förstärka reskassan och försörja sig och sina teamkamrater genom att åtminstone av och till arbeta med sitt hantverk med lädervaror (i Bibel 2000 kallas han "sadelmakare"). Mat och logi och hjälp till nästa etapp på resan brukar nog teamet få av de lokala kristna på varje ort, men det är ju bra att ha lite egen inkomst också.

I ett av sina brev till församlingen i Korint senare skriver Paulus om de här frågorna (1 Kor 9). Han hävdar, att den som förkunnar evangelium har rätt att leva av evangelium. I samma stycke berättar han också, att hans egen regel är att aldrig begära lön för egen del. Hans eget hantverk försörjer både honom och hans medarbetare.

Här i Korint träffar Paulus nya kollegor och själsfränder både i hantverket och det andliga arbetet. Det är Akvila (namnet betyder "Örnen") och hans hustru Prisca som ofta kallas Priskilla. Namnet betyder "gammal, antik", så vi kan väl översätta Priskilla med "lilla gumman". De finns i Korint för att de har varit tvungna att lämna Italien – kanske Rom, när kejsar Claudius utvisar judarna. Eftersom texten här inte säger något om att de omvände sig i Korint, var de troligen kristna redan när de kom. De kan ju ha mött evangeliet i Rom genom judar som varit i Jerusalem på den där fantastiska Pingstdagen och som sen återvänt till Rom.

Genom Paulus och det här enastående äkta paret lär vi oss flera viktiga saker om kristet liv och evangelisation, mission och att utbreda Guds Rike.

1 Att vara "tältmakare" har i modern tid blivit ett begrepp för att vara missionär någonstans och själv svara för sin försörjning. På så sätt har staden Korint gett världen och språket en positiv motvikt till ordet "korintisera". I många länder har människor genom att vara läkare, sjuksköterskor, lärare, ingenjörer, företagare eller studenter kunnat försörja sig och sen använda sin lediga tid att berätta om Jesus och stötta

213

lokala kristna och församlingar. I många länder under de senaste årtiondena är det omöjligt att få visum och inresetillstånd som missionär eller pastor, så därför fyller "tältmakeriet" en viktig funktion som legitim orsak att vara i ett land.

2 Nära förknippat med "tältmakeriet" är också rörligheten, flyttbarheten, som vi lär oss av Priskilla och Akvila och givetvis också av Paulus. Om man flyttas av tvång, som när de utvisades ur Italien, eller av fri vilja och önskan att evangelisera och missionera, så är man samma person där man hamnar. När Paulus lämnar Korint för att åka tillbaka till "hemmabasen" Antiokia i Syrien, får han med sig Priskilla och Akvilla på skeppet. De kommer över till Efesus, den viktigaste staden i västra Mindre Asien (nuvarande Turkiet). Vi återvänder till Apostlagärningarnas berättelse. "[18]Paulus dröjde kvar ännu en tid. Sen tog han avsked av bröderna och seglade till Syrien i sällskap med Priskilla och Akvila. I Kenkrea klippte han håret av sitt huvud, eftersom han avlagt ett löfte. [19]Så kom de till Efesus, där han lämnade dem. Själv gick han till synagogan och talade med judarna. [20]När de bad honom stanna där något längre, gick han inte med på det, [21]utan tog farväl med orden: Jag skall komma till er en annan gång, om Gud vill. Så stack han till havs från Efesus och landade i Cesarea. [22]Därifrån reste han upp till Jerusalem och besökte församlingen och for sen ned till Antiokia. [23]När han tillbragt någon tid där, bröt han upp och färdades hela vägen genom det galatiska och frygiska området och styrkte alla lärjungarna." (kap

18 – Giertz).

Paulus "lämnar" Priskilla och Akvila i Efesus och reser vidare med känslan och orden " Jag skall komma till er en annan gång, om Gud vill". Han går i land i Cesarea och reser "hem" till Antiokia via ett besök i Jerusalem. Sen avslutas hans andra missionsresa med avrapportering och lite vila och gemenskap med "hemförsamlingen".

3 Priskilla och Akvila har i samråd med Paulus gjort en strategisk flyttning till Efesus. I denna storstad fanns det bland annat på den här tiden en amfiteater på sluttningen av berget Pion. Denna teater hade 25000 sittplatser! Nu möter vi en tredje viktig lärdom från deras sätt att leva: De använder sitt hem som andlig mötesplats och som församlingslokal. "[24]Under tiden kom det till Efesus en jude som hette Apollos. Han var bördig från Alexandria, en bildad man, mycket kunnig i skrifterna. [25]Han hade blivit undervisad om Herrens väg och talade nu, brinnande i anden, och lärde tydligt och klart om det som rörde Jesus, fast han bara kände till Johannesdopet. [26]Han trädde oförskräckt upp och talade i synagogan. När Priskilla och Akvila hörde honom, tog de honom hem till sig och förklarade tydligare för honom hur det förhöll sig med Guds väg. [27]När han sen ville resa över till Akaja, uppmuntrade bröderna honom till det och skrev till lärjungarna att de skulle ta emot honom. När han kom dit, blev han till stor hjälp för dem som fått nåd att tro. [28]Inför allt folket vederlade han eftertryckligt judarna och bevisade med hjälp av

skrifterna att Jesus var Messias." (kap 18 – Giertz)

När "teologie professorn" Apollos kommer till Efesus och talar brinnande om Jesus, fast han inte har klart för sig riktigt allt i det kristna livet, tar det här tältmakarparet och formellt olärda "frikyrkopredikanterna" hem honom till sig och "förklarar tydligare för honom hur det förhåller sig med Guds väg." När han sen vill resa över till Akaja, får han adresser och kontakter i Korint och blir till stor hjälp där i arbetet för Guds Rike.

Det finns några anteckningar i Paulus brev, som gör att vi kan spåra paret Priskilla och Akvila vidare, kanske inte varje plats de bor och verkar på, men ändå tillräckligt för att bekräfta och pränta in principerna om "tältmakeriet", rörligheten för Herrens skull och användandet av hemmet för evangelisation, andlig undervisning och som mötesplats för husförsamlingen. När Paulus skriver första brevet till korintierna (c:a 55) från Efesus under sin långa vistelse där på den tredje missionsresan, så hälsar han från dem.

"[19]Församlingarna i Asien hälsar till er. Ni får många hälsningar från Akvila och Priska och den församling som kommer samman i deras hus." (1 Kor 16:19 - Giertz)

De flyttar tillbaka till Rom. När Paulus skriver Romarbrevet från Korint något år senare (år 56), hälsar han till Priskilla och Akvila.

"[3]Hälsa Priska och Akvila, mina medarbetare i Kristus Jesus, [4]som har vågat sina liv för mig. Dem tackar inte bara jag utan också alla hednakristna församlingar. [5]Hälsa också församlingen som kommer samman i

deras hus." (Rom 16 - SFB)
Slutligen har vi en hänvisning till dem i 2
Timoteusbrevet, skrivet till Timoteus som pastor i
Efesus. Detta tros vara under Paulus sista tid i strängt
fängelse i Rom under kejsar Neros välde kanske år 67
eller 68.
"¹⁹Hälsa Priska och Akvila och dem som hör till
Onesiforus hus." (2 Tim 4:19 – Giertz)

En liten fundering: I alla bibelställena om Priskilla och
Akvila utom Apg 18 så nämns kvinnan före mannen.
Varför det? På den tiden räknades kvinnan i hög grad
som ett "tillbehör" till mannen. Modern artighet att
nämna damerna först existerade inte i litteraturen på
den tiden. Det leder mig att tro att Priskilla var en
ovanligt rikt utrustad och självständig kvinna, en
bibellärare och evangelist och predikant, som i själva
verket var mer framstående än sin man. Och han tillät
henne att vara det – det var Akvilas storhet som
människa och kristen.

Heder åt alla – kvinnor och män och familjer – som
använder sitt yrke och sin förmåga åt Guds verk! Heder
åt alla, som är villiga att flytta till platser och
sammanhang, där kristna människor behövs i ännu
högre grad än där de har bott tidigare! Heder åt alla,
som inte ser sitt hem som sin privata borg och
lyckosfär, utan som öppnar sitt hem för andliga samtal,
för lovsång, bön och andlig gemenskap!

Också i vår tid finns det intressanta exempel på att
använda våra hem i Guds verk Här kommer en färsk
rapport om husförsamling i det moderna Turkiet:

"Alla 'experter' sa att Kanal Hayat, en kristen dygnetruntkanal på turkiska, var ett omöjligt projekt. **Nu har den sänt sedan den 15 mars 2007 och många turkar och människor från närbesläktade folkgrupper har blivit kristna.** Hatice är en turkisk kvinna som bor i en mindre stad. En dag fick hon in den kristna tevekanalen Kanal Hayat.

- När jag hörde talas om Jesus började mitt hjärta brinna. Jag blev kär i kanalen, berättar hon på en videofilm.

- Efter några veckor kom jag till tro. Det var härligt och jag upplevde en glädje som jag ville berätta om för alla. Jag fick en kärlek till dem jag tidigare hade hatat och ville krama om varenda människa.

Hatice ringde till Kanal Hayat och fick besök av en kristen kvinna som inte bodde så långt bort. Men det fanns ingen församling eller husgrupp i Hatices stad så Kanal Hayat blev hennes kyrka.

– Varje dag bad jag: "Gud, låt mig inte vara ensam kristen här. Låt det bildas en församling."

Hon bjöd in sina grannar och vänner och tillsammans tittade de på Kanal Hayat. Efter något år bildades det en husförsamling i staden som nu samlar mer än tio personer.

Hatice är långtifrån det enda exemplet på en människa som har blivit kristen genom Kanal Hayat. Och hennes husförsamling är långtifrån den enda som har bildats på grund av teve-programmen."
(Ur Ljus i Öster maj 2014)

Aquila och Priskilla

Nu ska jag berätta om Aquila och Priskilla.
Det är ett äkta par som du absolut kommer att gilla.
Med sin tältmakarverkstad och olika varor av läder
flyttar de vida omkring i regn och vackert väder.

De tvingats ur Italien som alla andra judar
för att de inte trodde på att kejsare var gudar.
I grekiska Korint aposteln Paulus de möter.
Med samma jobb och samma tro de på varandra stöter.

Och deras hem blir både arbetsplats och kyrka,
Med undervisning, tro och bön ger de åt andra styrka.
Sen reser de med Paulus till staden Efesos
med verkstad, hem och kyrka på samma sätt, förstås.

Och senare i livet till Rom de återvänder,
och som du redan anat, är det samma sak som händer:
I deras hem finns plats för Gud och människor som
beder.
Tillsammans ger de tröst och stöd åt församlingen de
leder.

Makar, kompanjoner och pastorer, inte illa!
Det är bilden som man får av Aquila och Priskilla.
Två tusen år före sin tid i sin syn på man och kvinna:
Tillsammans och tillsammans endast kommer vi att
vinna.

(Ingvar Holmberg 1998)

219

Samtalsfrågor

1 Vilka yrken är det bästa "tältmakeriet" i vår tid?

2 Ser ni någon skillnad på husförsamling och cellgrupp? Vad, i så fall?

3 Ser ni något behov av en ny husförsamling på er ort? Skulle den kunna starta i harmoni och samråd med församlingsledningen? Vad skulle målsättningen med en sån husförsamling kunna vara?

23 Reformation och återfödelse i stagnerande församlingar

Har Apostlagärningarna något att säga oss om reformation i stagnerande församlingar?
Av naturliga skäl finns det inte så mycket av det, eftersom boken skildrar spridandet av evangeliet och startandet av nya församlingar runt omkring i Romarriket.
Det finns ändå en händelse i Apostlagärningarnas nittonde kapitel som kan ge oss vägledning i den frågan.
På senare år har det blivit ganska vanligt med konsulter i församlingsutveckling. Ett välkänt koncept är NFU (Naturlig Församlingsutveckling) där man särskilt undersöker en församlings hälsa inom åtta nyckelområden. Ett av de områdena benämns "Hängiven andlighet" och handlar om hur mycket plats Andens gåvor och det karismatiska har i församlingen och dess arbete.
Detta leder mig i tankarna till aposteln Paulus och hans "inhopp" som församlingskonsult. Hans uppgift var i vanliga fall att starta nya församlingar från grunden, men i Apostlagärningarnas 19:e kapitel kom han till storstaden Efesus och mötte en församling som hade stagnerat och bara hade tolv medlemmar.
Paulus hade ju varit i Efesus på genomresa på "hemväg" från sin andra missionsresa. Han hade haft Priskilla och Akvila med sig och lämnat dem i Efesus för att arbeta där på sitt sätt med yrket och hemmet och kontakter med människor. Han hade sen själv gått till synagogan och bekantat sig med människorna där (Apg

221

18:19f). De bad honom stanna längre, men han reste vidare till Cesarea, Jerusalem och sen till Antiokia. Så hade Apollos kommit till Efesus, träffat Akvila och Priskilla och predikat om Jesus i den stora staden Efesus, innan han sen for över till Korint. Förmodligen hade efter tag Akvila och Priskilla också lämnat Efesus och rest tillbaka till Rom. Kejsar Claudius hade dött hastigt år 54 och efterträtts av Nero. Kanske hade utvisningen av judarna hävts då.... I alla fall så hade det säkert genom Priskilla och Akvila och Apollos bildats grupper av kristna, kanske som husförsamlingar, så det fanns ett antal kristna i Efesus.

Efter sin första missionsresa hade Paulus och Barnabas stannat ganska länge i Antiokia. Resorna var ju också ganska mycket mer ansträngande och tidsödande på den tiden. I ett dokument på internet läste jag, att första missionsresan har beräknats till 2250 km och med 53 effektiva resdagar. Den andra, som nu hade avslutats var på 4500 km och med 100 effektiva resdagar. Den tredje, som han nu startar efter ganska kort vila, kommer att bli omkring 4300 km och innebära 92 effektiva resdagar.

Paulus har alltså påbörjat sin tredje missionsresa från Antiokia. Han har färdats via sin hemstad Tarsus och Derbe. Lystra, Ikonium och Antiokia i Pisidien. Han har stannat ett tag i varje församling och nu kommer han landvägen österifrån in i den stora staden Efesus.

Kanske är detta orsaken till att han möter en ny grupp lärjungar, alltså Jesustroende människor. Vi går på nytt till Apostlagärningarnas spännande text.

"Medan Apollos var i Korint kom Paulus fram till Efesus, sen han färdats genom de inre delarna av landet. Han träffade på några lärjungar [2]och frågade dem: Fick ni den helige Ande när ni kom till tro? De svarade: Vi har inte ens hört att den helige Ande har kommit. [3]Han frågade dem: Vad var det då för dop ni fick? De svarade: Johannesdopet. [4]Då sade Paulus: Johannes döpte med ett bättringens dop och sade till folket att de skulle tro på den som kom efter honom, alltså på Jesus. [5]När de fick höra det, lät de sig döpas i Herrens Jesu namn. [6]När då Paulus lade händerna på dem kom den helige Ande [7]över dem så att de talade med tungor och profeterade. Inalles var det omkring tolv män." (Apg kap 19 – Giertz)

Paulus utvärdering och analys av den här församlingen tycks börja med frågan "Tog ni emot den helige Ande när ni kom till tro?"

Svaret och samtalet visar att den här församlingen har sin grund i Johannes Döparens förkunnelse och dop. Paulus får rätta till och komplettera undervisningen. De blir döpta i Jesu namn, och när Paulus sen lägger händerna på dem, "kom den helige Ande över dem, så att de talade med tungor och profeterade" (Apg 19: 6 Giertz).

I det här avsnittet kan vi alltså spåra två viktiga delar i att göra stagnerande, sjuka församlingar friska.
1 Rätt kunskap om frälsningens grund och upplevelse av personlig frälsning i Jesus.
2 Upplevelse av andedopet och Andens gåvor

Modern kyrkostatistik över växande församlingar i världen idag visar ju tydligt, att det är de

Jesuscentrerade och karismatiska församlingarna och kyrkorna som växer mest i de mest skiftande kulturer och andliga klimat.

När vi följer Paulus vidare på hans vistelse i Efesus kommer vi på ytterligare en viktig faktor för tillväxt. "[8]Så gick han till synagogan och predikade under tre månader med stor frimodighet och talade övertygande om Guds rike. [9]När några förhärdade sig och inte ville tro utan talade illa om "Vägen" inför hela församlingen, vände han dem ryggen, tog lärjungarna med sig och predikade dagligen för dem i Tyrannus hörsal. [10]Under två år fortgick detta så att alla invånarna i Asien fick höra Herrens ord både judar och greker." (Giertz)

Han går nu till synagogan, som han brukar, och arbetar där så länge det är möjligt. När dörrarna är stängda där, vänder han den judiska församlingen ryggen och samlar lärjungarna, de kristna, i Tyrannus lärosal. Vi vet inte om han måste hyra in sig där eller om ägaren låter honom disponera denna föreläsningssal gratis. I alla fall har han där dagliga predikningar (Giertz), samtal (Folkbibeln) och tal (Bibel 2000). I Amplified Bible står det dessutom inom parentes att det var från klockan tio till klockan tre varje dag -"tillägg av en del gamla auktoriteter". Den anteckningen förstärker intrycket av en regelbunden "bibelskola".

Kan vi kalla det här en bibelskola med offentliga föreläsningar och samtal, kanske?

Det mest häpnadsväckande är naturligtvis att under de två år detta fortsatte, så fick "alla invånarna i Asien (provinsen Asien) höra Herrens ord både judar och greker".

Vad betyder det här? Det betyder åtminstone, att alla

224

städerna i provinsen Asien nåddes av evangeliet genom denna "bibelskola".

3 Tredje slutsatsen i att reformera och förnya stagnerande församlingar – eller bygga växande församlingar från grunden – är att ha ett målmedvetet bibelundervisningsarbete. Kanske varje församling ska ha någon form av bibelskola. Det finns ju i många församlingar nuförtiden en bra undervisningsskola, nämligen Alphakursen. Men Alpha och dess fortsättningskurs Beta är ju egentligen i första hand för att hjälpa människor fram till Kristus. Var finns undervisningen för kristna efter "ABC-kursen"? Min förhoppning är att intresset för Alpha och Alphadeltagarnas ovilja att sluta med undervisningen ska leda till att församlingarna på nytt blir centra för bibelundervisning, som sen leder till att budskapet går vidare i större och större cirklar (ja, cirklar inte som i studiecirklar utan som i ringar på vattnet).

4 Undervisning, bibelstudier och bibelskola leder lätt tankarna till något teoretiskt – till boklig kunskap. Men vi ska komma ihåg att i Apostlagärningarnas kristendom finns hela tiden de båda sidorna "profeter och lärare", det vill säga bibelordet och undervisning men också det karismatiska, uppenbarelsen av Guds kraft. Stycket alldeles efter det om undervisningen i Tyrannus lärosal ger ett viktigt komplement och balanserar det. Den fjärde viktiga faktorn till en sund och växande församling är närvaron av under och tecken, Guds kraft som helar och befriar men också avslöjar ondskans gärningar.

"[11]Gud gjorde märkliga under genom Paulus; [12]man tog till och med dukar och plagg som hade varit i beröring med hans kropp och lade dem på de sjuka, och då blev de kvitt sina sjukdomar, och de onda andarna lämnade dem. [13]Några kringvandrande judiska andeutdrivare tog sig också för att uttala herren Jesu namn över sådana som hade onda andar. De sade: "Jag besvär er vid den Jesus som Paulus förkunnar." [14]Så gjorde sju söner till en viss Skeuas, en judisk överstepräst. [15]Men den onda anden svarade dem: "Jesus känner jag till, och vem Paulus är vet jag, men vilka är ni?" [16]Och mannen som hade den onda anden i sig for på dem, övermannade dem alla och tilltygade dem så illa att de måste fly ut ur huset, nakna och blodiga. [17]Detta blev känt i hela Efesos bland både judar och greker, och alla greps av fruktan, och herren Jesu namn blev ärat. [18]Många som hade blivit troende kom och bekände öppet vad de hade ägnat sig åt, [19]och åtskilliga av dem som bedrivit trolldom samlade ihop sina böcker och brände dem offentligt. Man beräknade deras värde och kom fram till 50 000 silverdrachmer. [20]Så fick ordet genom Herrens kraft ökad framgång och styrka." (Giertz)

Den fjärde viktiga lärdomen här är alltså sammanfattad i de sista orden i stycket. "Så fick ordet genom Herrens kraft ökad framgång och styrka."
Undervisning i Guds Ord ska alltid kombineras med praktik. Kan vi inom oss se Paulus bibelskoleelever resa ut till nya samhällen och ge Guds budskap och också vara tränade i att förvänta sig att Guds kraft ska ge ordet ökad framgång och styrka?

Elisa

Hans mantel i mina händer
men ensam jag återvände.
Jag saknar honom så.
Hans brinnande ögon två
iväg mig sände.

Jag bad visst om dubbel kraft
- som arv - än vad han hade haft.
Mina ben känns som vatten,
jag sjunker in i natten.
Aldrig nånsin jag känt mindre kraft.

Och manteln, han kastade den
över mig för så länge sen.
Jag kände spänningen då.
Nu kom det för hastigt på
Jag hade behövt mer tid än.

Jag saknar honom så.
Ändå måste jag gå,
för det var hans sista bud.
Var är Elias Gud?
Ska jag på vattnet slå?

(Andra Kungaboken kapitel 2)
(Ingvar Holmberg 1998)

Samtalsfrågor

I kapitlet nämndes Naturlig församlingutveckling (NFU) och deras analys av åtta nyckelområden. Dessa är: (1) "Stödjande/delegerande ledarskap" = Goda ledare som vågar släppa fram andra. (2) "Gåvobaserad verksamhet" = Små människor kan göra stora saker genom andliga gåvor (3) "Hängiven andlighet" = Ivriga entusiaster (4) "Funktionella strukturer" = Lägg bort former som inte passar (5) "Inspirerande gudstjänster"= Roliga gudstjänster fyller kyrkan (6) "Livsnära smågrupper" = I smågrupperna finns inga experter (7) "Behovsorienterad evangelisation" = Svar på frågor och behov är bästa evangelisationen (8) "Kärleksfulla relationer" = Visa kärlek med skratt och komplimanger Välj ett par av dessa åtta områden och prata om dem med tanke på er församling!

24 Föredöme för församlingsledare

I Apostlagärningarna kapitel 20 och 21 har Paulus liksom mentalt ställt in sig på att avsluta det vi kallar den tredje missionsresan. Han är tydligen inställd på att resa till Israel och till Jerusalem, och sen har han siktet inställt på att komma till Rom. Året är nog 56-57 av vår tideräkning. Från Efesus tar han sig först över till Grekland och reser under flera månader omkring där och besöker församlingarna och predikar och undervisar. Han är tre månader i Korint och skriver förmodligen under den tiden Romarbrevet, som skickas till de kristna i Rom som en förberedelse för hans ankomst. Han har nog tänkt resa över till Syrien med båt från Korinttrakten, men det blir oroligheter, så han tar landvägen norrut och tar en båt från Filippi i norra Grekland till Troas i Mindre Asien. Där stannar han och medarbetarteamet en vecka, och på söndagen innan färden vidare blir det en "maratongudstjänst" med mycket dramatik. Vi går till Apg 20.

"[7]På söndagen samlades vi för att fira Herrens måltid, och Paulus talade Herrens ord. Och eftersom han skulle resa nästa dag, talade han ända till midnatt. [8]Rummet på övre våningen, där vi var samlade, var upplyst av många fladdrande oljelampor. [9]En ung man som hette Eutychos somnade när Paulus talade så länge. Han satt på fönsterbrädan och föll ner från tredje våningen och slog ihjäl sig. [10-12]Paulus sprang då ner och tog honom i sina armar: "Oroa er inte", sa han, "han kommer att klara sig!" Och det gjorde han! En känsla av både respekt och glädje fyllde alla de närvarande. De gick

229

sedan allesammans tillbaka upp och åt Herrens måltid tillsammans. Sedan fortsatte Paulus att tala ytterligare en stund, och det hann bli morgon innan han slutligen lämnade dem." (Boken)

Sen reser Paulus delvis till fots och delvis till sjöss till Miletus en liten bit från Efesus. För att inte bli sinkad i Efesus sänder han efter de äldste (församlingsledarna) till sig i Miletus och håller ett fantastiskt avskedstal till dem. Det är en sann pastor och herdes och andlig faders hjärta som talar, och vi läser det för att ge några kommentarer efteråt.

"[17]Från Miletos skickade han emellertid bud till Efesos och kallade till sig församlingens äldste. [18]När de infunnit sig sade han till dem: "Ni vet hur jag har uppträtt bland er hela tiden, från första dagen jag kom hit till Asien. [19]Jag har tjänat Herren i all ödmjukhet, under tårar och under prövningar som jag har utsatts för genom judarnas anslag. [20]Jag har inte varit rädd för att låta er veta det som gagnar er, utan har undervisat er om det, offentligt och i hemmen, [21]och jag har enträget uppmanat både judar och greker att omvända sig till Gud och tro på vår herre Jesus. [22]Nu känner jag mig tvingad att resa till Jerusalem utan att veta vad som skall möta mig där. [23]Jag vet bara att den heliga anden i stad efter stad försäkrar att bojor och lidanden väntar mig. [24]Men jag anser inte att mitt liv har något värde för mig; jag vill bara fullborda mitt lopp och det uppdrag som jag har fått av herren Jesus: att vittna om Guds nåderika evangelium. [25]Och nu ser ni mig aldrig mer, det vet jag, alla ni som jag har besökt och förkunnat riket för. [26]Därför vill jag denna dag bedyra att jag är utan skuld om någon går förlorad. [27]Ty jag har inte varit rädd för att delge er allt som hör till Guds plan. [28]Ge akt på er själva och på hela den hjord som den heliga anden satt er att ha uppsikt över, för att ni skall vara herdar för Guds församling som han har vunnit åt sig med sin sons blod. [29]Jag vet att när jag lämnat er skall farliga vargar som inte skonar hjorden tränga in bland er. [30]Ur era egna led skall det träda fram män som förkunnar villoläror för att dra lärjungarna över på sin sida. [31]Håll er därför vakna, och kom ihåg att jag i tre års tid dag och natt har väglett var och en av er under tårar. [32]Och nu anförtror jag er åt Gud och åt hans nåderika ord, det som kan göra er till hans byggstenar och ge er arvslott bland alla dem som helgats. [33]Jag har aldrig velat få silver eller guld eller kläder av någon. [34]Ni vet själva att dessa händer har sörjt för mina egna och mina följeslagares behov. [35]I allt har jag visat er att ni, genom att arbeta på ett sådant sätt, skall ta er an de svaga med herren Jesu egna ord i minne: Det är saligare att ge än att få." [36]Efter sitt tal föll Paulus på knä och bad tillsammans med alla de andra. [37]De grät häftigt, omfamnade honom och kysste honom. [38]Det som smärtade dem mest var hans ord att de aldrig skulle få se honom igen. Slutligen följde de honom till båten." (Giertz)

Paulus är ett stort föredöme för oss pastorer och församlingsledare, och i det här personliga och känslosamma talet ger han oss mycket att tänka på. Jag vill påpeka några saker:
1 Han har levt bland dem som en tjänare åt Herren, utan

alla anspråk

2 Han har inte förtigit några andliga sanningar utan har predikat och undervisat både offentligt och i mindre samlingar i hemmen.

3 Trots en inre övertygelse om att lidande och bojor väntar honom har han inte försökt fly åt annat håll utan har fortsatt i sin kallelse.

4 Han har oförtröttligt samtalat och undervisat var och en av dem, ibland på dagtid och ibland på nätterna.

5 Han visar tydligt att han inte utför sitt arbete för att själv leva gott. Han visar att han vill ge och inte ta.

6 Genom hela talet återkommer Guds Ord som grund och rättesnöre -"Guds nåds evangelium", "hela Guds rådslut", "Ordet om Hans nåd" - dessa och likande uttryck vävs in i hans tal.

Guds Rike behöver inga "brödpredikanter" eller yrkespastorer som mer eller mindre ser sitt arbete som ett jobb. Vi pastorer behöver inte skämmas för att vi får lön för vårt arbete, men det får inte vara för lönens skull vi predikar. Paulus hjärtelag och inställning och engagemang är verkligen en storartad förebild för oss. Det kan också vara en bra checklista att pricka av, så huvuddelen av vår tid och kraft används till samma saker som Paulus satsade på. Att arbeta mycket är bra, men ännu viktigare är det att arbeta med rätt saker.

Ofullkomligt och ofrånkomligt

De ofullkomliga församlingarna
med dessa ofullkomliga kristna
utgör ändå den ofrånkomliga Församlingen,
Kristi Kropp.

Visst är kyrkorna irriterande
och pastorerna och kyrkoherdarna ömkliga
med fel och brister och pompösa ord,
svar på frågor som ingen ställde,
men Kyrkan, den fullkomliga,
finns där mitt i alltsammans,
och rätt som det är
skymtar den gode Herden fram.

(Hebréerbrevet 10:25)
(Ingvar Holmberg 2003)

Samtalsfrågor
I Apg 20 möter vi både Paulus som föredömlig
församlingsledare och de äldste från Efesus som
föredömliga församlingsmedlemmar och senare ledare
på olika sätt. Paulus visar sitt herdehjärta, och de
kristna från Efesus visar sin kärlek, uppskattning och
respekt. Pastorer och församlingsledare har svåra
uppgifter och behöver övriga kristnas helhjärtade kärlek
och stöd.

1 Vad väntar ni er mest av era pastorer och
församlingsledare?

2 Hur kan ni ännu mer stödja dem och hjälpa dem bli
ännu bättre i sin uppgift?

25 Hem och familjer som främjar Andens flöde

Apostlagärningarna berättar vidare om Paulus resa tillbaka till Palestina efter avskedet från församlingsledarna från Efesus.

" När vi väl slitit oss från dem och lagt ut seglade vi raka vägen till Kos och kom följande dag till Rodos och därifrån till Patara. ²Där fann vi ett skepp som skulle gå direkt till Syrien, och gick ombord och stack till sjöss. ³Vi siktade Cypern men lämnade det till vänster och seglade vidare mot Syrien. Så kom vi till Tyrus där skeppet skulle lossa sin last. ⁴Vi sökte upp lärjungarna och stannade hos dem i sju dagar. De talade med Paulus, drivna av Anden och bad honom inte resa upp till Jerusalem. ⁵Men när tiden sen var ute för oss bröt vi upp och vandrade i väg åtföljda av dem alla med kvinnor och barn ända utanför staden. Där böjde vi knä på stranden och bad ⁶och tog så farväl av varandra. Vi gick ombord på skeppet och de vände hem till sitt.

⁷Som avslutning på sjöresan kom vi så från Tyrus till Ptolemais där vi hälsade på bröderna och stannade hos dem en dag. ⁸Nästa dag bröt vi upp och kom till Cesarea. Där tog vi in hos evangelisten Filippus, en av de sju och stannade hos honom. ⁹Han hade fyra ogifta döttrar med profetisk gåva. ¹⁰Medan vi nu bodde där i flera dagar kom det ned en profet från Judeen som hette Agabus. ¹¹Han sökte upp oss och tog Paulus bälte och band sina fötter och händer och sade: Den man som detta bälte tillhör honom kommer judarna att binda på samma vis i Jerusalem och de kommer att utlämna honom åt hedningarna. ¹²När vi hörde det vädjade vi

enträget till honom att inte resa upp till Jerusalem. [13]Men han svarade: Varför skall ni gråta och göra mitt hjärta bedrövat? Själv är jag ju villig, inte bara att fängslas utan också att dö för Herrens Jesu namn i Jerusalem. [14]När han nu inte lät sig bevekas gav vi oss till freds och sade: Det får bli som Herren vill." (Apg 21 – Giertz)

I det här avsnittet träffar vi på nytt diakonen Filippus, som blev evangelisten Filippus. Nu har det gått mer än tjugo år sen han döpte den etiopiske hovmannen och efter det rycktes bort av Herrens Ande och sen sågs igen i Asdod vid Medelhavet. Han hade sedan vandrat längs med kustsamhällena och predikat evangeliet ända upp till Cesarea. Där hade han tydligen stannat, för nu bor han där och har familj och fyra ogifta döttrar med profetisk gåva. Här får Paulus och hans reskamrater bo under några dagar. Visst kan man låta fantasin spela omkring det här mötet.

Filippus hade varit tvungen att fly från Jerusalem vid förföljelsen efter Stefanus martyrdöd. Då hade den unge Paulus / Saulus haft en roll som han sedan skämdes för hela livet. Han var den som man hade lagt sina mantlar hos, innan man dödade Stefanus med stenkastning. Och han hade gett sig ut på sin förföljelseresa mot de kristna. Och utanför Damaskus hade han mött den Jesus han egentligen hade förföljt. Nu möts dessa två Herrens tjänare under några dagar och berättar för varandra och stärker varandras tro och kunskap genom sina erfarenheter under många år. Och de här unga kvinnorna finns där i hemmet. De hjälper väl sin mor att servera mat och dryck till gästerna och tvättar deras kläder och utför olika sysslor. Och så lyssnar de. Det är inga typiska unga flickor som i grannfamiljerna. Jovisst, de har säkert också tankar och drömmar om kärlek, man och barn och en egen familj. Kanske drömmer de om att se några av platserna Paulus har varit på. Men de är mer än bara vanliga trevliga unga kristna flickor – de har profetisk gåva. Alla fyra brukar uppleva den helige Andes tilltal och få förmedla budskap och uppenbarelse till andra människor. Tillsammans är de en familj, där Jesus Kristus är synligt närvarande och där den helige Ande strömmar. Den här rollen i Filippus liv är inte mindre än diakonens och evangelistens! Att vara en familjefar, som lyckas ge vidare ett andligt arv och tillsammans med sin familj lever i ett Andens flöde, det är en stor gåva, en stor tjänst.

När profeten Agabus kommer ner från Judeen och med ord och profetiskt agerande talar till Paulus om det lidande som ligger framför honom, då tror jag att han är ditsänd inte bara för Paulus skull utan också till den här familjen, de här unga kvinnorna som har profetians gåva. För att vara en profet är i Nya Testamentets språkbruk mer än att ibland eller ofta förmedla profetiska ord – det är att vara erkänd av Gud och människor som bärare av en tjänst som är grundläggande i Guds Rike och Församling.

Hem och familjer som främjar Andens flöde – vilken resurs i en stad, ett samhälle, i en församling! Men såna familjer är också en bristvara eller i alla fall inget självklart.

Hur får man sina barn med på "vägen"? Vad är det för komponenter i detta? Det har jag funderat på hela mitt vuxna liv.

En sak är klar – det finns ett stort mått av Guds nåd inblandat i detta. Hur många gånger har jag inte träffat verkligt andliga och goda, rejäla kristna människor, som inte får se alla sina barn eller ens några av dem följa föräldrarna i spåren med ett kristet liv och församlingsengagemang. Så finns det goda (och en del inte så goda) kristna, som får se sina barn mycket mer hängivna än de själva är. Det är nog till stor del Guds obegripliga och slösande nåd, som i så mycket annat i våra liv.

Men ändå är jag helt övertygad om, att det inte är en slump, om barnen delar föräldrarnas tro och hängivna tjänst för Gud och den kristna församlingen. Det finns i alla tider kristna familjer i stil med Filippus familj, där det andliga livet flödar starkt.

Ha tålamod med mig nu och låt mig få spåna lite fritt omkring det här!
Jag skulle vilja säga något om i vilka hem det inte är troligt att barnen också blir andefyllda, aktiva kristna.
- Inte i hem där föräldern / föräldrarna är väldigt radikala och ställer stora krav på andra.
- Inte i hem där föräldern / föräldrarna skyller på Gud men i själva verket överger sin familj, därför att det är intressantare med församlingen.
- Inte i hem där kärleken och mildheten och toleransen är så stor, att det inte finns lydnad mot Gud och respekt för Hans Ord och vilja. Jag har mött föräldrar som själva slutat komma till gudstjänsterna, därför att deras barn inte vill följa med längre.
- Egentligen lutar jag också åt uppfattningen, att det inte ens är självklart med barnens efterföljelse, där ena föräldern eller kanske båda själva är starka och sunda

237

andliga personligheter. Om de är i andlig tjänst med stora förväntningar på sig, kan det ofta bli situationer där människors nöd och behov får dem att försumma familjens behov, fast de inte vill det. Ibland kanske det är på det viset, vilket en vers av Paulus tycks antyda. "29Men det säger jag er, bröder: Tiden är kort. Hädanefter bör också de som har hustrur leva som om de inga hade..." (1 Kor 7:29 – Giertz) "25När nu stora skaror följde efter honom, vände han sig om och sade till dem: 26Om någon kommer till mig och inte hatar sin far och sin mor, sin hustru och sina barn, sina bröder och systrar, ja, också sitt eget liv, kan han inte vara min lärjunge." (Luk 14 – Giertz) Dessa bibelord betyder naturligtvis något och handlar om lägen, där allt annat i livet måste underkasta sig Gudsrikets krav. Jag vet i alla fall, att många gudabenådade Herrens tjänare och tjänarinnor har fått uppleva smärtan av att deras barn inte har valt deras väg, och det har egentligen inte varit brist på kärlek från förälderns sida. Men ve oss, om vi har övergett vår familj, där det inte var Gud utan vår egen egoism och uppblåsthet som fick oss att försumma vårt närmaste ansvar!

Nu tar jag några faktorer som positivt bidrar till "Filippusfamiljer"
- Familjer, där kärleken till Gud och församlingen går hand i hand med kärleken till familjen och omsorg om den.
- Familjer där man ber tillsammans och sjunger kristna sånger tillsammans och tar del av Guds Ord tillsammans. På engelska finns ett uttryck som klingar bra: "The family that prays together stays together".

"Familjen som ber tillsammans förblir tillsammans".
- Familjer som är tillsammans i kyrkan och församlingen. Lyckliga och kloka är de föräldrar, som inte ser församlingens söndagsskola och körverksamhet och läger som en trygg och gratis barnvakt, utan som tar chansen att vara med sina barn i aktiviteterna och lägren och annat som medhjälpare och resurspersoner.
- Familjer som upplever Gud och Guds kraft tillsammans – kanske i cellgruppen eller i andra sammanhang.
- Familjer som ibland kan "strunta" i församlingsansvaret och bara ha roligt tillsammans och umgås med varandra.

Låt oss tacka Gud för alla våra familjer i församlingarna och verkligen älska dem och be för dem! De gör så gott de kan i en komplicerad och stressad värld. Och låt oss, så mycket vi kan, bidra till att ha en atmosfär och ett klimat där vi finns, så fler och fler kristna familjer kan ha barn som har profetisk gåva eller helandets gåvor eller trons gåva!

Hanna

Här är sonen jag bad Gud om,
visst är han fin?
Du såg mig i templet här en gång
med dyster min.
Inte visste du mitt behov,
varför jag grät,
men önska' mig frid och bönesvar
och resa mig lät.
Och så fick vi vårt barn till slut,
min man och jag.
Han visste jag lovat ge det igen
till Gud en dag.
Nu är jag här med gossen min
att honom ge.
Min stora önskan är att han blir
Guds tjänare.

Första Samuelsboken kapitel 1 & 2
(Ingvar Holmberg 1998)

Samtalsfrågor

1 Samtala utan självfördömelse om att vara "hem och
familjer som främjar Andens flöde".

2 Hur kan vi bidra till att övriga familjemedlemmar
stimuleras till andlig tillväxt och tjänst?

3 Ta gärna en bönestund för varandra på det här viktiga
området!

26 Att göra motgångar till tillfällen

Apostlagärningarnas kristendom är ingen framgångsteologi i ytlig mening. När Paulus och Barnabas undervisade och utsåg ledare i de nya församlingarna, så utlovar de inget enkelt liv i den nyupptäckta kristna tron. ". [22]De styrkte lärjungarnas hjärtan och förmanade dem att hålla fast vid tron och sade: Det är genom många lidanden som vi måste gå in i Guds rike." (Apg 14 – Giertz)

I början av det tjugoförsta kapitlet i Apostlagärningarna läste vi lite tidigare om hur vid två tillfällen människor drivna av Anden talade till Paulus om att svårigheter väntade honom. "Så kom vi till Tyrus där skeppet skulle lossa sin last. [4]Vi sökte upp lärjungarna och stannade hos dem i sju dagar. De talade med Paulus, drivna av Anden och bad honom inte resa upp till Jerusalem." (Apg 21:3 – Giertz)

"[10]Medan vi nu bodde där i flera dagar kom det ned en profet från Judeen som hette Agabus. [11]Han sökte upp oss och tog Paulus bälte och band sina fötter och händer och sade: Den man som detta bälte tillhör honom kommer judarna att binda på samma vis i Jerusalem och de kommer att utlämna honom åt hedningarna. [12]När vi hörde det vädjade vi enträget till honom att inte resa upp till Jerusalem." (Apg 21 – Giertz)

En del av de kristna tolkade profetiorna som en varning för Paulus att fortsätta sin resa, men Paulus tolkade

241

profetiorna som bekräftelse på den inre övertygelse han hade haft en tid, att bojor och lidande låg framför honom. Han var viss om att det var Guds väg för honom, och då skulle han få kraft att klara de prövningarna.

Så kom han till moderförsamlingen i Jerusalem och träffade Jakob och de andra ledarna. De gjorde vad de kunde för att skydda Paulus för de fanatiska judarnas angrepp, när han nu hade kommit till Jerusalem. De rådde honom att ta med sig fyra män till templet och utföra reningsceremonier med dem, så alla skulle se att han fortfarande var trogen sin judiska tro och livsstil. Paulus gjorde dem till viljes, men inget kunde stoppa det som skedde.

"26,27Paulus gick med på detta, och nästa dag gick han med männen till templet för att vara med vid ceremonierna och ge sitt löfte att bära fram ett offer sju dagar senare tillsammans med de andra. De sju dagarna hade nästan gått när några judar från Turkiet fick se honom i templet och hetsade upp en folkmassa mot honom. De grep honom och 28skrek: "Israeliter! Hjälp oss! Det här är den man, som i hela världen hetsar upp vårt folk så att de bryter de judiska lagarna. Han talar till och med mot templet och kränker templets helighet genom att ta med sig dem som inte är judar hit." 29Tidigare samma dag hade de nämligen sett honom nere i staden tillsammans med Trofimos, en man från Efesos, och de antog att Paulus hade tagit honom med sig till templet.

30Hela stadens befolkning blev upprörd när de hörde detta, och snart var ett stort upplopp igång. Paulus släpades ut ur templet, och portarna stängdes omedelbart bakom honom. [31]Där tänkte man döda honom, men kommendanten vid den romerska garnisonen fick veta att hela Jerusalem var i uppror. [32]Han gav snabbt order till sina soldater och officerare att rycka ut och rusade själv ut bland folkmassorna. När hopen såg trupperna komma slutade de att slå Paulus. [33]Befälhavaren arresterade honom och gav order om att han skulle bindas med dubbla kedjor. Sedan frågade han folkhopen vem Paulus var, och vad han hade gjort. [34]I förvirringen och larmet kunde han inte få klarhet i vad folk ropade i munnen på varandra. Därför befallde han att Paulus skulle tas med till militärkasernen. [35]När de kom fram till trappan, blev folkmassan så våldsam att soldaterna måste lyfta upp Paulus på sina axlar för att skydda honom. [36]Folket tryckte på bakifrån och ropade: "Bort med honom, bort med honom!" [37,38]När Paulus skulle föras in sa han till kommendanten: "Får jag säga några ord till dig?" "Kan du grekiska?" frågade kommendanten förvånad. "Är inte du den där egyptiern, som ledde ett uppror för några år sedan och som tog med sig fyra tusen beväpnade rebeller ut i öknen?" [39]"Nej", svarade Paulus, "jag är en jude från Tarsos, en rätt betydelsefull stad i Kilikien. Jag ber om tillstånd att få tala till dessa människor." [40]Kommendanten lät honom då få göra det, och Paulus ställde sig på trappan och gjorde tecken till folket att lugna sig. När alla hade blivit tysta började han tala till dem på hebreiska:" (Apg 21 – Boken)

Det här kapitlet heter "Att göra motgångar till

tillfällen", och som underrubrik vill jag ta upp "Att göra
begränsningens och väntans tider till växande, mognad
och tjänst".

Paulus visar sann andlig storhet i motgångens stund.
Han tycker inte synd om sig själv och undrar var Gud
finns. Nej, han vet att en del vägar går rakt genom
motstånd och lidande, och också där gäller det att tjäna
Gud och sprida evangeliet.

Vi låter bibeltexten ta oss vidare i handlingen.
""""Bröder och fäder, lyssna till vad jag har att säga till
mitt försvar." ²När de hörde Paulus tala på hebreiska
blev stillheten ännu mer märkbar. ³"Jag är jude", sa
han, "född i Tarsos, en stad i Kilikien, men utbildad här
i Jerusalem under Gamaliel. Som hans lärjunge lärde
jag mig att följa våra judiska lagar och seder mycket
noga. Jag blev mycket ivrig att göra allt jag kunde för
att ära Gud, precis som ni har försökt att göra i dag.
⁴Och jag förföljde de kristna, jagade dem överallt, band
dem och satte både män och kvinnor i fängelse.
⁵Översteprästen eller vilken annan medlem av rådet
som helst kan tala om för er att detta är sant. Jag bad till
och med om att få ett brev med mig till de judiska
ledarna i Damaskus, så att jag skulle kunna fängsla de
kristna där. Sedan tänkte jag föra dem till Jerusalem,
där de skulle straffas.
⁶När jag var på väg till Damaskus och vid middagstiden
närmade mig staden, lyste plötsligt ett mycket starkt
ljus från himlen mot mig. ⁷Jag föll till marken, och jag
hörde en röst som frågade mig: 'Saul, Saul, varför
förföljer du mig?'
⁸'Vem är du som talar till mig, Herre?' frågade jag. Han

svarade: 'Jag är Jesus från Nasaret, den som du förföljer.' [9]Männen som var med mig såg ljuset men förstod inte vad som sades. [10]'Vad ska jag göra, Herre?' frågade jag. Och Herren svara de: 'Res dig upp och gå till Damaskus. Där kommer du att få veta vad som väntar dig under kommande år.' [11]Men jag blev blind av det starka ljuset och fick ledas till Damaskus av mina reskamrater.

[12]Där bodde en man som hette Ananias. Han lydde lagen till punkt och pricka och hade därför gott anseende bland alla judar i Damaskus. [13]Denne man kom till mig där och sa: 'Broder Saul, nu får du din syn tillbaka!' Och genast kunde jag se igen.

[14]Sedan sa han till mig: 'Våra fäders Gud har valt ut dig till att lära känna hans vilja och till att se den Rättfärdige och höra honom tala. [15]Du ska vittna om honom överallt och berätta vad du har sett och hört. [16]Vänta inte längre, utan låt döpa dig och bekänn dina synder för Herren så att han kan förlåta dig.'

[17,18]När jag hade kommit tillbaka till Jerusalem, och en dag stod och bad i templet var jag plötsligt liksom i en annan värld. Jag såg Herren, och han sa till mig: 'Skynda dig! Lämna Jerusalem, för människorna här kommer inte att tro dig när du förkunnar mitt budskap.' [19]'Men Herre', invände jag, 'de vet säkert att jag i varenda synagoga fängslade och misshandlade dem som trodde på dig. [20]Och när Stefanos, som vittnade om dig, dödades, stod jag där och tyckte det var rätt. Jag till och med vaktade kläderna åt de män som stenade honom!' [21]Men Gud sa till mig: 'Lämna Jerusalem, för jag ska

sända dig långt bort till andra folk än judarna!'"

22Så långt hade folkmassan lyssnat, men när Paulus sa detta, ropade de med en mun: "Bort med en sådan människa! Döda honom! Han har inte rätt att leva!" 23De skrek i högan sky och kastade klädesplagg och jord omkring sig.

24Därför förde kommendanten in Paulus i kasernen och befallde att man skulle slå honom med piskor tills han bekände sitt brott. Han ville nämligen veta varför folkmassan hade blivit så rasande.

25När de band Paulus för att piska honom, sa han till en officer som stod där: "Är det tillåtet att misshandla en romersk medborgare som inte ens har ställts inför rätta?"

26Officeren gick då till kommendanten och sa: "Vad är det du tänker göra? Den här mannen är romersk medborgare!"

27Kommendanten kom då och frågade Paulus: "Säg mig, är du romersk medborgare?"

"Ja, det är jag faktiskt!" svarade Paulus.

28"Det är jag också", muttrade kommendanten, "och det har kostat mig en hel del!"

"Jag blev det när jag föddes", svarade Paulus.

29Soldaterna, som stod färdiga att piska honom, försvann kvickt när de hörde att Paulus var romersk medborgare. Och kommendanten själv blev förskräckt, eftersom det var han som hade befallt att Paulus skulle bindas och piskas.

30Nästa dag befriade kommendanten honom från bojorna och befallde att översteprästerna och det judiska rådet skulle samlas. Han hämtade sedan Paulus från fängelset för att försöka få reda på vad det var som orsakat all uppståndelse." (Apg 22 – Boken)

Jag har tagit med hela kapitlet för att visa Paulus
förmåga att använda tillfällena.
I det 23:e kapitlet står han inför judarnas stora råd. Där
passar han på att tala om sin tro på uppståndelsen,
därför att han vet att rådet är splittrat mitt itu just i den
frågan. Fariséerna, vars grupp han själv kom ur, trodde
på uppståndelsen och på änglar, men det gjorde inte
sadducéerna. Och mycket riktigt utbryter det bråk
mellan de två grupperna.
Slutet på det här mötet beskrivs enligt följande:
"[10]Oväsendet blev allt värre, och männen slet i Paulus
från båda sidor och drog honom än åt det ena hållet och
än åt det andra. Kommendanten, som var rädd att de
skulle slita honom i stycken, befallde till slut att
soldaterna skulle ta honom därifrån med våld och föra
honom tillbaka till kasernen.
[11]Den natten stod Herren vid Paulus sida och sa: "Var
inte orolig, Paulus. På samma sätt som du har vittnat
om mig för folket här i Jerusalem, så måste du också
vittna om mig i Rom." (Boken)

Nästa dag smidde man en mordkomplott mot Paulus
med fyrtio fanatiska män som lovade mörda Paulus, om
judarnas ledare hittade på en anledning att möta honom
igen. Paulus systerson fick reda på den här komplotten
och meddelade det till Paulus och han såg till att
kommendanten fick prata med systersonen om det här.
Kommendanten avdelade ett par militära förband att på
natten ta Paulus i säkerhet och föra honom till Cesarea
vid Medelhavet. Paulus fick ett riddjur och behandlades
som VIP, även om han säkert hade handbojor på resan.

247

Kommendanten skickade också med ett brev till sin överordnade, ståthållaren och landshövdingen Felix. "³³När de kom fram till Caesarea överlämnade de brevet till landshövdingen och förde också in Paulus till honom. ³⁴Han läste brevet och frågade sedan Paulus varifrån han kom. "Kilikien", svarade Paulus. ³⁵"Jag ska ta upp ditt fall när dina åklagare kommer", sa landshövdingen. Sedan befallde han att Paulus skulle förvaras i fängelset i kung Herodes palats. **24** Fem dagar senare kom översteprästen Ananias tillsammans med några av de judiska ledarna och advokaten Tertullus till Caesarea för att framställa sina anklagelser mot Paulus." (Apg kap 23-24 – Boken)

Judarnas advokat Tertullus lägger fram anklagelserna, och Paulus får också tillfälle att tala och försvara sig inför landshövdingen och alla andra. Sen läser vi vidare. "²²Felix, som mycket väl kände till 'den vägen', uppsköt nu rättegången och sade: "När befälhavaren Lysias kommer hit ner, skall jag avgöra målet." ²³Och han befallde officeren att hålla Paulus fängslad och samtidigt ge honom en viss lättnad och inte hindra någon av hans vänner från att vara honom till hjälp. ²⁴Några dagar senare infann sig Felix tillsammans med sin hustru Drusilla, som var judinna. Och han lät hämta Paulus och hörde honom tala om tron på Kristus Jesus. ²⁵Men då Paulus talade om rättfärdighet och självbehärskning och den kommande domen, blev Felix förskräckt och sade: "Gå din väg för den här gången. När jag får tid skall jag kalla på dig." ²⁶Samtidigt hoppades han att Paulus skulle erbjuda honom pengar. Därför lät han ofta hämta honom och samtalade med honom. [27]När två år hade gått, efterträddes Felix av Porcius Festus. Och då Felix ville hålla sig väl med judarna, lät han Paulus stanna kvar i fängelset." (Boken)

Paulus får alltså ställa Felix och hans hustru inför evangeliets kallelse och utmaning. Och så hålls han i fängelset utan vidare rättegång eller dom i två hela år! Man kan bara svagt föreställa sig vilken prövning för den aktive Paulus detta måste vara - att vänta på ett avgörande hela denna tid. Han hade tänkt sig till Rom, och Herren hade i synen talat till honom om att vittna i Rom.

"Hur hade Gud råd med detta?", frestas vi kanske att tänka. "Kunde inte Gud vara lite rationell och förstå, att det var bättre användning av Paulus, om han var fri att resa och predika som vanligt?"

Men Gud lät det bli så här. Paulus hade ju också vissa lättnader jämfört med vanliga fångar. Han fick ta emot mat och hjälp av sina vänner och fick ta emot besök av dem.

Jag tror Paulus skrev brev, undervisade sina vänner, predikade för fångvaktare och soldater och personal, bad och fick nya tankar och uppenbarelser i andliga frågor. Han återhämtade sig kanske rent fysiskt också en del efter strapatserna på sina resor. Han mognade och växte och var beredd.

Efter de två "onödiga" åren efterträds Felix av Festus.

Judarna ser på nytt en chans att kunna lura till sig ett tillfälle att lönnmörda Paulus. Felix försöker hålla sig väl med judarna och vill gå med på att Paulus ska färdas till Jerusalem och stå till svars än en gång inför judarna. Men Paulus avstyr detta genom sin möjlighet som romersk medborgare.

"[9]Då frågade Festus, som var angelägen att hålla sig väl med judarna: "Är du villig att resa till Jerusalem och där ställas inför rätta inför mig?"

[10,11]"Nej!"svarade Paulus. "Jag åberopar min rätt som romersk medborgare att få stå till svars inför kejsaren själv. Du vet mycket väl att jag inte är skyldig. Om jag har gjort något som förtjänar döden, så är jag beredd att dö. Men om jag är oskyldig, så har varken du eller någon annan rätt att överlämna mig åt dessa män, så att de kan döda mig. Jag vädjar till kejsaren."

[12]Festus överlade med sina rådgivare och svarade sedan: "Saken är avgjord! Du har vädjat till kejsaren, och till kejsaren får du fara."

[13]Några dagar senare kom kung Agrippa tillsammans med Berenike för att besöka Festus. [14]Medan de var där diskuterade Festus fallet Paulus med kungen. "Det finns en fånge här som Felix överlämnade åt mig", sa han till honom. [15]"När jag var i Jerusalem fick jag översteprästernas och de judiska ledarnas version av saken. De bad mig se till att han blev avrättad.

[16]Naturligtvis sa jag omedelbart till dem att den romerska lagen inte dömer en man förrän han ställts inför rätta. Han måste få möjlighet att försvara sig ansikte mot ansikte med sina åklagare.

[17]När de kom hit utlyste jag rättegången redan följande dag och befallde att Paulus skulle föras in. [18]Men

250

anklagelserna mot honom var inte alls vad jag hade väntat mig. [19]De hade något att göra med deras religion och handlade om någon som hette Jesus, som är död, men som Paulus påstår lever! [20]Jag blev förbryllad och visste inte hur jag skulle handla i ett sådant fall, utan frågade honom om han var villig att stå till svars för dessa anklagelser i Jerusalem. [21]Men eftersom Paulus vädjade till kejsaren, beordrade jag honom tillbaka till fängelset i väntan på att jag ska kunna sända honom till Rom."

[22]"Jag skulle själv vilja höra den mannen", sa Agrippa. Och Festus svarade: "Det ska du få göra i morgon!"

[23]Nästa dag kom kungen och Berenike i full prakt till domsalen, åtföljda av höga officerare och stadens mest framstående män. Festus befallde att Paulus skulle föras in." (Apg 25 – Boken)

Här kommer alltså ett nytt tillfälle för Paulus mitt i det som för det mänskliga tänkandet verkar som meningslös väntan.
Kapitel 26 i Apostlagärningarna börjar så här;
"Sedan sa Agrippa till Paulus: "Varsågod och börja. Ordet är ditt."
Då räckte Paulus ut handen och började tala till sitt försvar:
[2]"Jag är mycket glad, kung Agrippa", började han, "att jag får svara på judarnas anklagelser inför dig, [3]för jag vet att du är expert på judiska lagar och seder. Var vänlig och lyssna på mig med tålamod!" (Boken)
Vi går till slutet av Paulus tal:
"Jag lär ingenting annat än vad profeterna och Mose gjorde, nämligen [23]att Messias skulle lida och som den

251

förste uppstå från de döda för att föra ljuset till både judar och andra folk."

[24]Plötsligt ropade Festus: "Paulus, du är galen! Dina långa studier har gått dig på hjärnan!" [25]Men Paulus svarade: "Jag är inte galen, högt vördade Festus. Jag berättar bara lugnt och sansat vad som är sant, [26]och kung Agrippa känner till detta. Jag talar öppet, för jag är säker på att de här händelserna är välbekanta för honom. De utspelade sig ju inte i någon avkrok! [27]Kung Agrippa, tror du på profeterna? Jag vet att du gör det." [28]Agrippa avbröt honom. "Tror du att du med så svaga bevis kan övertala mig att bli kristen?" [29]Och Paulus svarade: "Vare sig mina argument kan anses svaga eller ej, så önskar jag inför Gud att både du och alla här som lyssnar skulle bli som jag, men utan bojor." [30]Sedan reste sig kungen, landshövdingen, Berenike och alla de andra och gick därifrån. [31]När de överlade efteråt var alla eniga, och de sa: Den här mannen har inte gjort något som förtjänar dödsstraff eller fängelse. [32]Och Agrippa sa till Festus: "Han skulle ha kunnat friges, om han inte hade vädjat till kejsaren!" (Boken)

Hur möter vi motgångar och tider av till synes meningslös väntan?
Det är ju inte svårigheterna och problemen och motståndet som formar vårt liv.
Det är ju hur vi hanterar dessa svårigheter och väntans tider och perioder av på ett sätt meningslös smärta, det är det som formar oss.
Måtte vi inte bryta ihop och falla samman för minsta

prövning. Det finns i allt tillfällen till tjänst, till att peka på Jesus Kristus. I Guds Rike är allt inte rationellt och praktiskt. Gud verkar har råd och ro att ha en och annan betydelsefull tjänare "i träda" eller "på avbytarbänken" eller "i väntrummet". Han har sin egen tidtabell och räkning. Om vi irriterat tittar på våra klockor hela tiden, kommer vi förmodligen att missa några av de viktigaste tillfällena i våra liv.

Klagan

Herre!
Jag är trött och stum i mitt känsloliv
och oviss om vägen.
De som skulle vara mitt stöd
förkastar mina käraste drömmar och målsättningar.
En människa kan inget taga,
om det inte blir henne givet ovanifrån.
Hjälp mig att vara stilla och tiga.
Öppna en väg!
Till dess har jag slagit otryggt läger i den mörka dalen.
Jag sluter för fönstren
mot den kalla blåsten och mot insyn.
Nu måste jag skydda och bevara
den gnutta av livsvärme som finns.
Det är inte säsong nu
för uppknäppt jacka och frejdiga leenden.
Nu handlar det om överlevnad -
att överleva vintern i en solfattig och kall dal.
Jag ser fortfarande bergstopparna, där solljuset flödar.
Jag vet var utsikten och perspektiven finns.
Men jag ser inga stigar som leder dit.
Än så länge måste jag stanna här.
Hur länge måste jag stanna här?
När ska en stig synas framför mig?
Jag klagar - men jag vet vem jag klagar inför.
Jag vet att Han hör mitt kvidande och mina frågor.
Om det dröjer innan Han svarar?
Hellre väntar jag i Hans tystnad
än går efter de mänskliga teserna -
antiteserna - synteserna.

Så länge Han är tyst finns det hopp.
Så länge Du är tyst finns det hopp.
Att finnas i Din tystnad är sällskap nog.
Tala eller tig, Herre! Din tjänare hör.

(Ingvar Holmberg 1995)

Samtalsfrågor

1 Prata lite om vår tendens att tycka synd om om själva, känna oss "kränkta" och mera se svårigheterna än möjligheterna!

2 Berätta för varandra om erfarenheter av tillfällen mitt i motgångarna!

27 Att påverka omgivning, omständigheter och människor

Vi följer Paulus i de sista två kapitlen i Apostlagärningarna på hans resa till Rom som fånge för att träda fram inför kejsarens domstol. Och Paulus har soldater och vakter omkring sig, men han är inget offer, och han uppträder inte som ett offer. Tvärtom har han stort inflytande på omgivningen och omständigheterna och människorna som finns omkring honom. I allt är han en ledare och med omsorg om dem som är omkring honom, både sjömän, soldater, officerare och fångar.

Vi säger om en del att de tar stor plats. Jag är ganska medveten om, att jag är en av dem man menar, för jag talar och sjunger och skrattar högt och äter mycket och märks mycket i största allmänhet. För en del människor är det väldigt onaturligt att uppträda så, att ta plats. De har mycket inom sig, och när de säger något, så är det värt att lyssna på. Men de "ligger lågt" för det mesta. Vi kanske inte ska vara bullriga och "ta plats", men det är viktigt att vi kristna **intar vår plats**.
"2 Skaka av dig stoftet, res dig och ta din plats.."
(Jes 52:2 SFB 2015)
Vi är i Kristus, och Han är med oss, och därför är vi inte betydelselösa. Var vi än finns har vi en roll och funktion, för där vi är, där är också Guds Rike.
Låt oss följa Apostlagärningarnas fortsatta berättelse med detta i tankarna.
"Till slut blev alla arrangemang klara så att vi kunde börja vår resa med båt till Rom. En officer som hette Julius, och som var medlem av den kejserliga vakten,

hade ansvaret för Paulus och flera andra fångar. [2]Vi seglade iväg med en båt som hade Grekland som slutmål, och som skulle lägga till på flera ställen längs den turkiska kusten. Jag borde tillägga att Aristarchos, en grek från Thessalonike följde med oss.

[3]Följande dag lade vi till i Sidon, och Julius var mycket vänlig mot Paulus och lät honom gå i land för att besöka vänner och njuta av deras gästfrihet. [4]När vi seglade därifrån fick vi så stark motvind att det var svårt för skeppet att hålla kursen. Vi seglade därför norr om Cypern, mellan ön och fastlandet, [5]och passerade kusten till provinserna Kilikien och Pamfylien och lade till i Myra i Lykien. [6]Där hittade vår officer ett egyptiskt skepp från Alexandria som var på väg till Italien, och tog oss ombord på det.

[7,8]Vi seglade i hårt väder under flera dagar. Till slut närmade vi oss Knidos. Då hade vindarna blivit så svåra att vi seglade förbi hamnen i Salmone och satte kurs mot Kreta. Vi kämpade hårt i blåsten, och mycket långsamt tog vi oss fram längs den södra kusten tills vi kom till Goda hamnarna, nära staden Lasaia. [9]Där stannade vi i flera dagar. Vädret höll nu på att bli farligt för långa seglingar eftersom det redan var i början på oktober, och Paulus talade med officerarna om detta. [10]"Mina herrar", sa han, "vi får problem om vi fortsätter. Både skepp och last kan gå förlorade, och även människoliv!" [11]Men officerarna, som var ansvariga för fångarna, lyssnade mer på båtens kapten och på ägaren än på Paulus." (Apg 27 – Boken)

Paulus verkar inte bli sur, när ingen följer hans råd. Däremot blir kaptenen och officerarnas beslut olyckliga, och man hamnar i en väldig vinterstorm på resan.

"14,15Men kort därefter ändrade sig vädret plötsligt, och en våldsam storm, stark som en orkan, blåste upp ("Nordostorkanen" kallades den). Stormen svepte med sig fartyget och drev det ut på öppna havet. Besättningen försökte vända tillbaka mot land, men lyckades inte. Då lät de skeppet driva för vinden. 16Till slut kom vi i lä bakom en liten ö som hette Kauda. Där kunde vi, trots stora svårigheter, få ombord skeppsbåten, som vi haft på släp. 17Sedan surrade vi skeppet med rep för att stärka skrovet. Sjömännen var rädda för att båten skulle driva mot dynerna av kvicksand vid Afrikas kust. Därför revade de toppseglen. Sedan drev vi för vinden. 18När vågorna nästa dag gick allt högre började besättningen slänga lasten överbord. 19Följande dag kastade de ut riggen och allt annat löst de kunde få tag på. 20Denna fruktansvärda storm rasade med oförminskad styrka i flera dygn tills allt hopp verkade vara ute.

21Ingen hade ätit på länge, och till sist samlade Paulus besättningen och sa: "Ni skulle ha lyssnat på mig från första början och stannat på Kreta över vintern. Då hade ni sluppit alla dessa strapatser och allt elände. 22Men ge inte upp hoppet! Inte en enda av oss ska förlora livet även om skeppet går under.

23I går natt kom nämligen en ängel till mig från den Gud som jag tillhör och tjänar 24och sa: 'Var inte rädd Paulus, för du ska verkligen få stå inför rätta hos kejsaren! Gud har också svarat på din bön och ska rädda livet på alla dem som seglar tillsammans med dig.' ²⁵Därför ska ni inte tappa modet! Jag tror på Guds löfte. Det kommer att gå precis som han har sagt. ²⁶Men vi kommer att stranda på en ö."

²⁷Under den fjortonde stormnatten drev vi fram och tillbaka på Adriatiska havet. Vid midnatt misstänkte sjömännen att vi var i närheten av land. ²⁸De lodade och upptäckte att djupet var 36 meter. Lite senare lodade de igen. Då var det bara 27 meter. ²⁹Nu visste de att skeppet snart skulle driva i land, och eftersom de var rädda för klipporna längs kusten slängde de ut fyra ankare från aktern och väntade på att det skulle bli morgon.

³⁰Några av sjömännen tänkte då lämna skeppet. De firade ner livbåten och sa att de skulle lägga ut ankare också från förstäven. ³¹Men Paulus sa till soldaterna och den befälhavande officeren: "Vi kommer att dö allihop, om de inte stannar ombord." ³²Då kapade soldaterna repen och lät båten driva iväg.

³³Innan det började ljusna och det fortfarande var mörkt, uppmanade Paulus alla att äta. "Ni har inte rört mat på två veckor", sa han. ³⁴"Tänk nu på ert eget bästa och ät vad ni kan! För inte så mycket som ett hår på era huvuden ska gå förlorat!"

³⁵Sedan tog han själv ett bröd och tackade Gud inför dem allesammans och bröt en bit och åt. ³⁶Genast kände sig alla bättre och började äta, ³⁷alla de 276 personerna som fanns ombord. ³⁸När vi hade ätit lättade besättningen skeppet ännu mer genom att vräka allt vete överbord.

³⁹När det ljusnat märkte de att de inte kände igen kusten. De såg en bukt med en sandstrand och undrade

om de kunde gå in mellan klipporna och driva upp på stranden. [40]De beslöt till slut att göra ett försök. De kapade ankarna och lämnade dem i havet, sänkte ner rodret, hissade förseglet och satte kurs mot stranden. [41]Men skeppet hamnade på en sandbank och blev stående på grund. Fören satt fast och samtidigt utsattes aktern för de våldsamma vågorna, så att den började brytas sönder. [42]Soldaterna rådde då den befälhavande officeren att döda fångarna, så att ingen skulle simma i land och fly. [43]Men Julius ville rädda Paulus och vägrade därför att låta dem göra det. Sedan befallde han alla som kunde simma att hoppa överbord och försöka att ta sig i land, [44]och resten av dem att rädda sig på plankor från det sönderbrutna skeppet. På det sättet lyckades alla ta sig upp på stranden." (Apg 27 – Boken)

Det är i själva verket Paulus förtjänst (och Guds nåd och hjälp, givetvis), att inte någon enda av alla på fartyget omkommer i dessa händelser. Gång på gång får Paulus betyda mycket genom sin närvaro, sin gudskontakt och sin förtröstan och visdom.

Först när de kommer i land, får de av den lokala befolkningen veta att de har kommit till ön Malta. Ankomsten blir dramatisk, och även sen har både soldaterna, officerarna och besättningen nytta av den välvilja som Paulus närvaro och Guds kraft genom honom skapar.
"Vi fick snart reda på att vi var på ön Malta. Öns befolkning var mycket vänlig mot oss och gjorde i ordning en brasa på stranden för att välkomna oss, och för att vi skulle kunna värma oss i regnet och kylan.

³Medan Paulus samlade ett fång grenar för att lägga på elden, blev han plötsligt biten av en huggorm. Den hade lockats fram av värmen, och nu högg den sig fast i hans hand. ⁴Öborna såg den hänga där och sa till varandra: "Han är säkert en mördare! Fastän han har klarat sig undan havet låter inte rättvisan honom leva." ⁵Paulus skakade av sig ormen i elden och verkade helt oskadd. ⁶Men människorna väntade att hans hand skulle svullna upp eller att han skulle falla ner död. När de hade väntat länge och väl och inget hade hänt med Paulus, ändrade de uppfattning och betraktade honom som en gud.

⁷Nära stranden där vi kom i land fanns en stor gård som tillhörde öns landshövding, Publius. Han välkomnade oss artigt och gav oss mat, och vi var hans gäster i tre dagar. ⁸Nu visade det sig att Publius far var sjuk i feber och dysenteri. Paulus gick in och bad för honom och lade sina händer på honom och botade honom. ⁹Då kom alla andra sjuka människor på ön till Paulus, och de blev också botade. ¹⁰De visade sin tacksamhet genom att överhopa oss med gåvor. Och när det var dags för oss att segla iväg, kom folk ombord med allt möjligt som vi kunde behöva för resan.

¹¹Det dröjde tre månader efter skeppsbrottet innan vi hissade segel igen, och den här gången var det med "Tvillingbröderna" från Alexandria, ett skepp som hade övervintrat på ön. ¹²Vi lade först till i Syrakusa där vi stannade tre dagar. ¹³Därifrån for vi längs kusten till Regium. En dag senare började det blåsa sydlig vind, och följande dag anlände vi till Puteoli, ¹⁴där vi fann några troende. De bad oss att stanna hos dem i sju

dagar, och det gjorde vi. Sedan seglade vi vidare till Rom." (Apg 28 – Boken)

Ja, man kan nästan få intrycket, att det är Paulus som är befälhavare och ledare för gruppen, när allt läggs tillrätta för dem, och ortsborna hedrar dem och skaffar dem allt de behöver för resan vidare.

Kristna människor blir sjuka och hamnar på sjukhus och opereras eller behandlas som alla andra. Det är underbart med de många berättelserna om kristna som "intar sin plats", när de vistas på patientrummen och har det lika besvärligt som alla andra, men de har påverkat omgivningen med sin tro och förtröstan. Patienter och personal har genom dem fått sin behandling av Guds kärlek och närvaro. Kristen tro är ingen vaccination mot problem och lidande. Men i de skiftande omständigheterna i det vanliga, knöliga livet vi människor har, så finns det en närvaro och atmosfär. Paulus kallar det en "doft" i sitt andra brev till korintierna. "[14]Men Gud vare tack, som alltid för oss fram i triumftåg med Kristus, och som låter oss sprida kunskapen om honom som en ljuvlig doft på alla platser. [15]Vi är ju Kristi rökelse som stiger inför Gud och når både dem som blir frälsta och dem som går förlorade. [16]För somliga är det en doft av död som sprider död, för andra en doft av liv som för till liv." (2 Kor kap 2 – Giertz)

Abraham

Urinnevånare -
underbart utkallad
utvandrar utvald.
Utdragen upptäcktsfärd
utan uppehållsort.
Underbara utsiktsplatser.
Utlovade utfästelsers
uppskjutna uppfyllelse
utlöser undran
utan uppgivenhet.
Uthålligheten uppmuntras.
Utsedde undersonen uppenbaras.
Uppfostras under uträknad
urmoders uppsikt.
Utkallad utvandrare
underbart upprättad -
uttågsfolkets utvalde urfader.

Första Mosebok kapitel 12, 15, 21

(Ingvar Holmberg 1998)

Samtalsfrågor
1 Berätta om människor ni mött som, precis som
Paulus, påverkat omgivningen mitt i sina egna
svårigheter!

2 Hur kan vi odla denna inställning och personlighet, så
att vi också utövar en ständig påverkan på omgivningen
med vår atmosfär, våra ord och handlingar?

263

28 Inte kejsarens fånge utan Jesu tjänare

Hur ser vi på oss själva? I förra kapitlet påpekade jag, att Paulus vägrade se sig som ett offer. Han valde i alla situationer att "inta sin plats" och utöva Guds Rikes inflytande bland dem han fanns ihop med, även om omgivningen betraktande honom som en fånge. Apostlagärningarna avslutas med att Paulus kommer till Rom. Och när han väl är där, så är han inte i första hand kejsarens fånge utan Guds tjänare. Han möter människor, predikar och undervisar, skriver och – inte minst, ber. Han ber för församlingarna och enskilda människor. Hans många hänvisningar "i förbifarten" till bön och tacksägelse för alla han känner, ger en trovärdig bakgrund till hans undervisning om att bönen skall komma "först av allt" (1 Tim 2:1ff) Han är Guds tjänare, och så ska vi också se på oss själva.

Jag hörde om en ung, nyomvänd man i Pingstförsamlingen i Gävle i mitten av 1970-talet. Han hade blivit en del av det meningsfulla sammanhang där man fick höra om "infödda evangelister" i Afrika och Asien som fick stöd genom församlingen i Gävle i sitt arbete att sprida evangeliet. Man talade bland annat om troslöftesoffer för missionen och fick stort gensvar hos medlemmarna. Den här mannen sa belåtet ungefär så här. "Förr svetsade jag för mitt levebröd. Nu svetsar jag för världsevangelisationen."

Hur ser vi på oss själva och det vi är och gör? Är vi fångar under omständigheterna och livet och vardagen, eller är vi Kristi tjänare?

" 16 När vi kom fram till Rom fick Paulus tillstånd att bo för sig själv tillsammans med den soldat som skulle bevaka honom.

17 Tre dagar senare kallade han till sig de ledande bland judarna, och när de var samlade sade han till dem: "Bröder, jag har inte gjort något ont mot vårt folk eller våra fäderneärvda seder. Trots det blev jag fängslad i Jerusalem och utlämnad i romarnas händer. 18 När de hade förhört mig ville de frige mig, eftersom jag inte var skyldig till något som förtjänade döden. 19 Men judarna var emot det, och då var jag tvungen att vädja till kejsaren, dock utan att anklaga mitt folk. 20 Så det är därför jag kallat hit er för att träffa er och tala med er. Det är nämligen för Israels hopp som jag bär dessa bojor." (Apg 28 – SFB 2015)
...."30 I två hela år bodde Paulus i den bostad som han hade hyrt, och han tog emot alla som kom till honom. 31 Han predikade Guds rike och undervisade med stor frimodighet om Herren Jesus Kristus utan att bli hindrad. " (Apg 28 – SFB 2015)

Här slutar Apostlagärningarnas berättelse, inte med en pampig avslutning utan bara genom att sätta punkt mitt i något som fortsätter vidare. Det säger oss tillräckligt om att Apostlagärningarnas kristendom bara fortsatte – och fortsätter än i dag. Bibelforskarna tror ju att Paulus blev fri från denna första fängelsevistelse och kom iväg på fler resor. Sedan slutade förmodligen hans liv efter en strängare fängelsevistelse i Rom och avrättning där. Hans brev lever, likaså hans exempel. Hans teologi hade formats i vistelserna i otaliga städer och på resor, i det praktiska mötet mellan Jesu budskap och olika religiösa föreställningar och ockulta krafter. Den håller i dag också.

Mer och mer blir jag övertygad om, att den moderna kyrkans enda hopp är att förnyas i Apostlagärningarnas kristendom. Lösningen för kyrkan är inte att bli mer liturgisk eller mer samhällstillvänd eller mer finkulturell eller mer politiskt och socialt aktiv. Vi behöver gå i Jesu och apostlarnas fotspår. Och det innebär nog till stor del också att ta vårt kors på oss. Det kommer att innebära olika saker för var och en av oss, men ont kommer det förmodligen att göra... och också ge himmelsk, outsäglig glädje redan här på jorden.

Paulus

Föddes i staden Tarsos, så romare blev han från födseln.
Men han var samtidigt jude utav Benjamins stamträd.
Skolad i Mose stadgar och även i grekisk lärdom.
Kosmopolit och språkman, kunde tala med alla.
Rättrogen och fanatisk, förföljare av de kristna.
Trodde sig tjäna Gud i kampen mot namnet Jesus.
Men en dag vid Damaskus blev han belyst och upplyst.
Då han blev blind så såg han den enda och sanna
Vägen.
Lärare och apostel, sändebud om Guds kärlek,
byggde han Kristi församling i hela det romerska riket.
Inför kungar och herrar predikade han Guds Rike.
Ifrån fängelsecellen sände han tröstande rundbrev,
brev som ännu i dag når över världen och talar.
Tack vare Paulus från Tarsus förstår vi Gudsrikets lagar.
Tack vare Paulus från Tarsus kristnades en gång
Europa.
Själv skulle Paulus ha sagt: "Det är Kristus som lever
inom mig.
Allt förmår jag i honom som ger mig kraften att verka."

*Filipperbrevet kapitel 3, Apostlagärningarna kapitel 9,
13 & 28
(Ingvar Holmberg 1998)*

Samtalsfrågor

1 Är glaset halvtomt eller halvfullt? Hur ser vi på oss själva, på andra och på omständigheterna vi lever i?

2 Är vi för alltid fångna i ett visst sätt att se, eller kan vi förändras till att se mer möjligheter och se på oss själva som Kristi tjänare var vi än finns?

Om boken

I "Vägens folk" har Ingvar Holmberg använt en metodik som är mycket effektiv för att beskriva viktiga delar av den kristna trosläran. Berättelserna i Apostlagärningarna ger oss en bas för "den sunda läran". Apostlarna framställs som vanliga människor med fel och brister men också med den styrka som beroendet av Den Helige Ande innebär. Här är också författarens eget vittnesbörd betydelsefullt.

De historiska och geografiska uppgifterna är värdefulla för att "känna in" miljön och förhållandena under vilka de första kristna verkade. Bokens stora utmaning finns i jämförelsen mellan apostlarnas tid och vår- den tidiga kyrkan och dagens. Vad har vi att lära oss, vad har vi förlorat?

Författarens personliga tolkningar är i flera fall djärva och frispråkiga. Boken är mycket inspirerande att läsa men också rejält utmanande. Den passar bra i församlingsledarnas bibliotek, men också i en bibelstudiegrupp.

Per-Olof Jacobsson, Linköping – Missionär, Lärare.

Innehåll

Sida

Författarens förord 8
1 Döpta i den Helige Ande 12
2 Dopet – en frälsningsfråga eller en ickefråga? 27
3 Under och tecken – vem behöver det? 49
4 Namnet Jesus 60
5 Liv i gemenskap 68
6 Allt är andligt 77
7 Jesu vittnen 83
8 Apostlagärningarnas evangelisation 88
9 Rörliga apostlar och församlingsmedlemmar 95
10 Bönens och handlingens människor 105
11 Församlingen som förenar kulturer 115
12 Församlingen i hemmen 120
13 Ledarteam, profeter och lärare 127
14 Missionens heliga sak 133
15 Lokala församlingar med lokala ledare
och lokalt ansvar 144
16 Problemlösning, strukturer och nätverk 152
17 Att forma ledare och team 166
18 Ledd av Anden 177
19 Lovsång utan baktankar 183
20 Att utlägga Skriften och forska i Skriften 192
21 Jesus kommer snart 201
22 Tältmakeri och husförsamling och rörlighet 211
23 Reformation och återfödelse
i stagnerande församlingar 221
24 Föredöme för församlingsledare 229
25 Hem och familjer som främjar Andens flöde 234
26 Att göra motgångar till tillfällen 241
27 Att påverka omgivningen, omständigheter
och människor 256
28 Inte kejsarens fånge utan Jesu tjänare 264
"Om boken" av Per-Olof Jacobsson 269

Om författaren

Ingvar Holmberg är född 1947 och bor i Norrköping. Han har varit verksam som pastor, sångare och församlingsmusiker i frikyrkan och också författat och komponerat många sånger och skrivit mycket poesi mm. Han besöker församlingar, kyrkor mm för kaféprogram och gudstjänster.
Kontaktuppgifter: epost: ingvar.holmberg@telia.com
Tel: 070-6203977
Ingvars hemsida https://ingvarholmberg.se innehåller mycket material: Blogg, videos, radioprogram, dikter, sånger, predikningar mm.

Tips för studiecirklar och smågrupper:
Boken "Vägens folk" (provupplagan) publicerades som gratis e-bok 2014 och kan fortfarande gratis läsas och laddas ner på www.ingvarholmberg.se
Detta kan vara bra för deltagarna i en studiegrupp som inte tycker sig behöva pappersboken och kan nöja sig med en "ungefärlig" version i datorn eller telefonen.

Ingvar Holmbergs senaste böcker:
(Kan beställas från bokhandeln eller I Holmberg)
För bilder, se på hemsidan:
https://ingvarholmberg.se/mina-bocker-och-cd-skivor/
Utsikt från mitt fönster – 100 nya och begagnade dikter
finns som pappersbok och e-bok - 115 sidor, c:a 80 kr,
(e-boken endast från bokhandeln för c:a 60 kr)
Books on Demand 2017 ISBN: 9789176993743

Ordslöjd – dikter och prosa
finns som pappersbok och e-bok - 250 sidor, c:a 120 kr,
(e-boken endast från bokhandeln för c:a 60 kr)
Books on Demand 2019 ISBN: 9789177857204